중급 영어로 가는
결정적 단어들

오석태

오석태 선생은 한국외국어대학교에서 한국어 교육과 영어를 전공했습니다.
영어의 핵심을 찌르는 속 시원한 강의로 많은 이들의 갈증을 풀어 줬으며,
2007년부터 영어 콘텐츠 개발 전문 저자로 활동하고 있습니다.
현재는 곰국 컨텐츠의 대표로 성인 영어 학습지를 개발·운영하고 있고,
NAVER 포스트(오석태N곰국영어)의 에디터로,
NAVER TV의 진행자로도 활동하고 있습니다.
저서로는 〈위대한 매일 영어 쫌 1, 2〉, 〈위대한 매일 영어 회화 어휘 쌩 1, 2〉,
〈김국진 배움 오석태 티칭 영어, 회화의 영어〉, 〈혼동의 조동사를 설명합니다〉,
〈영어회화의 결정적 표현들〉 등 100여 권이 있습니다.

중급 영어로 가는 결정적 단어들

지은이 오석태
초판 1쇄 인쇄 2024년 2월 21일
초판 1쇄 발행 2024년 3월 4일

발행인 박효상 　**편집장** 김현 　**기획·편집** 장경희, 김효정, 권순범, 이한경 　**디자인** 임정현
마케팅 이태호, 이전희 　**관리** 김태옥

기획·편집 진행 김현 　**교정·교열** 최주연
본문·표지 디자인 고희선

종이 월드페이퍼 　**인쇄·제본** 예림인쇄·바인딩

출판등록 제10-1835호 　**발행처** 사람in 　**주소** 04034 서울시 마포구 양화로 11길 14-10 (서교동) 3F
전화 02) 338-3555(代) 　**팩스** 02) 338-3545 　**E-mail** saramin@netsgo.com
Website www.saramin.com

책값은 뒤표지에 있습니다.
파본은 바꾸어 드립니다.

ISBN
979-11-7101-063-9 14740
978-89-6049-783-2 세트

우아한 지적만보, 기민한 실사구시 사람in

영어의 결정적 시리즈

중급 영어로 가는
결정적 단어들

He wended his way up the big hill to the concert hall.

I swept out of the café and into the summer swelter.

BBQ

I broached it once. He wouldn't even talk about it.

오석태 저

격조 있는 기사와 지문 속 단어를 선별했다!

구사하는 단어가 달라져야 도약할 수 있다!

After some time, she strolled to the gallery that was usually her last stop.

CRITICAL WORDS FOR **ADVANCING TO HIGHER LEVELS**

좀 더 섬세하면서 세밀한 뜻의 단어들

사람in

영어를 잘한다는 것은 정확한 영어 문장을 구사한다는 것을 뜻합니다.
정확한 문장을 구사하려면 문법의 형식은 물론 문법과 어휘의
정확한 의미를 이해하고 있어야 합니다. 특히 어휘는 상황에 따라,
대상에 따라 매우 정확한 선택이 필요하지요. 저는 늘 말합니다.
어휘에는 동의어가 존재하지 않는다고요. 특정한 상황을 정확히
설명할 수 있는 어휘는 딱 하나뿐입니다. 그 어휘를 대체할 수 있는
어휘는 없다는 겁니다.

"내가 그를 싫어하는 건 아니야."

영어로는 이것을 어떻게 표현할 수 있을까요?
I don't hate him. 이 떠오르시나요? 좋습니다. hate를 영영사전에서
찾아보면 유의어로 dislike가 나옵니다. 그러면 모두들 hate와
dislike가 같은 의미라고 오해하는데 그렇지 않습니다.
같은 의미가 아니라 유사한 의미라고 하는 게 옳습니다.
hate와 dislike는 공통적으로 문어체 어휘에 해당됩니다.
문어체란 말 그대로 글 속에서 주로 쓰인다는 겁니다. 글 속에서
쓰이는 문어체 어휘는 그 글이 담는 감정을 정확히 전달하기 위해서
풍부한 자체 감정을 갖습니다. 따라서 문어체 어휘를 구어에서
활용하면 그 어휘의 의미가 더욱 더 강해지죠. 원래 갖고 있던
감정에 말하는 사람의 감정이 추가되기 때문입니다. 앞서 언급했던
hate는 '뭔가를 매우 싫어하다'라는 뜻입니다. 싫은 정도가
매우 강하지요. 그래서 '혐오하다'로까지 해석합니다. hate와 유사한
의미를 구어체로 표현한다면 can't stand 정도가 적절합니다.
'참고 견딜 수 없다'라는 의미입니다.

dislike는 hate보다는 싫어하는 정도가 약합니다. '꽤 싫어하다'의
느낌이지요. 구어체로 표현하면 don't like 정도에 해당합니다.
이렇듯 hate, dislike, can't stand, don't like 등은 서로 다른
자기만의 감정의 깊이와 의미가 있습니다.
〈중급 영어로 가는 결정적 단어들〉은 어휘가 갖는 독특한
의미들을 정확하게 설명합니다. 그래서 그 어휘들을 이용하여
정확한 문장을 구사하도록 도움을 줍니다.
책 제목에 쓰인 〈중급〉은 '어렵다'가 아닌 '정확하다'의 의미로
이해해야 합니다. 따라서 〈중급 영어로 가는 결정적 단어들〉은
결국 〈정확한 영어로 가는 결정적 단어들〉이라는 속뜻을
포함합니다.
〈중급 영어로 가는 결정적 단어들〉이 가져다줄 매우 중요한
효과가 있습니다. 이 책을 정독하여 꾸준히 학습하면 우리에게
큰 벽으로 느껴지는 영어 소설 읽기에 자연스럽게 도전할 수 있게
된다는 겁니다. 영어 소설을 무작정 읽을 수는 없습니다.
어휘의 비밀을 벗겨내야 합니다. 왜 이 문장에 이 어휘가
쓰일 수밖에 없는지를 정확히 이해해야 합니다. 그 이해가 없으면
소설은 한 문장도 제대로 읽어 내려갈 수가 없습니다.
대강 얼버무리듯 넘어가는 건 이해와는 무관합니다.
〈중급 영어로 가는 결정적 단어들〉은 여러분이 영어 소설을
당당하게 읽어 내려갈 수 있는 근거와 힘, 그리고 능력을
선물합니다. 이 책을 통해 정확한 영어 문장 구사 능력을
갖추게 됨으로써 여러분이 영어를 매우 잘하는 사람으로
인정받을 수 있기를 간절히 바랍니다.

저자 오석태

영어를 처음 배우는 학습자에게 가장 중요한 것은 영어 말문을 트는 것입니다. 말문을 튼다는 것은 여러 가지를 포함하지요. 영어 문장을 생성해 낼 수 있는 기본 문법을 익히는 것, 기본적인 의사소통이 되도록 필수 어휘와 패턴, 문장 구조를 익히는 것을 가리킵니다. 이렇게 말문이 트고, 구조가 잡혀서 영어 문장을 많이 접하고 엄청난 노력 끝에 한 단계 위로 올라간다고 할 때, 초급과 중급을 가르는 가장 큰 기준이 뭘까요? 바로 어휘입니다.

메라비안(Mehrabian)이라는 학자는 의사소통에서 가장 중요한 것은 어휘력이 아니라 표정과 어투, 태도라고 했습니다. 어휘력이 차지하는 건 얼마 되지 않는다고 말이죠. 분명히 맞는 말입니다. 그렇다면 영어 학습자들은 정말 좋겠지요. 굳이 힘들여 영어 공부를 할 필요가 없으니까요. 단어 실력이 초급에 머물러도 웃는 표정과 공손한 태도로 말하면 될 테니까요. 하지만 이건 대면하여 말하는 경우입니다. 우리가 외국인과 그렇게 마주해서 말할 일이 많을까요? 아무리 세계화가 되었다고 해도 대다수의 사람들은 텍스트(지문)를 통해 영어 실력을 쌓고 정보를 얻습니다. 그리고 그런 질 좋은 내용일수록 그것을 다루는 글의 수준은 교육받은 원어민들 대상이기에 초급 영어로는 버터 볼 수가 없습니다.

말과 함께 기록으로 남기기 위해 텍스트를 많이 사용합니다. 우리말도 말로 할 때와 글로 할 때는 그 느낌이 다르죠. 어떤 어휘를 쓰느냐에 따라 읽는 사람이 제대로 이해할 수도, 오해할 수도 있습니다. 그렇기 때문에 어떤 매체를 선택해 괜찮은 정보를 얻을 것이냐, 우리가 쓴 문장이 읽는 이들에게 어떤 인상을 줄 것이냐는 굉장히 중요한 일입니다. 정확하게 제대로 쓴 단어 하나로 계약이 왔다 갔다 할 수 있고, 무심코 쓴 단어에 갑의 위치에 있는 사람의 심기가 불편해져 해결하기 곤란해질 때도 있을 것입니다. 그리고 생각만큼 문법과 문장 구조의 차이는 크게 영향을 주지 않습니다.

〈중급 영어로 가는 결정적 단어들〉은 독자들에게 좀 더 섬세하면서 세밀한 뜻의 단어를 소개합니다. 이 단어들이 정말로 잘 쓰이는 단어가 맞는지 궁금하실 텐데요, 미국의 소위 엘리트라고 불리는 사람들이 자신의 의견을 나타내거나 공식적인 석상에서 쓰는 어휘들입니다. 우리가 어떤 사람이 쓰는 어휘를 보고 그 사람의 지적 수준을 헤아리듯이, 원어민들 역시 상황에 딱 맞는 적재적소의 단어를 유려하게 바꿔 쓰느냐로 화자의 지적 수준을 헤아립니다. 그러니 중급 수준이라고 자부하고 싶은 이들은 그들이 쓰는 중급 수준의 단어를 알고 있어야 하는 것이죠.

초급에서는 많은 수의 단어를 아는 것이 중요하지만, 수준이 올라갈수록 단어의 수가 중요하지 않습니다. 적재적소에 맞는 단어를 정확하게 찾아서 표현하는 것이 가장 최선입니다. 그래서 〈중급 영어로 가는 결정적 단어들〉은 단어 하나하나의 기본 뜻과 속뜻을 확실하게 풀이합니다. 어느 자리에 어떤 뉘앙스로 쓰여야 하는지를 명쾌하게 밝힙니다. 그래서 잘 쓴 어휘 하나로 단어 응용력이 확장되고, 여러분이 하는 말에 신뢰가 생깁니다. 여기에 중급 영어를 학습하는 의의가 있습니다.

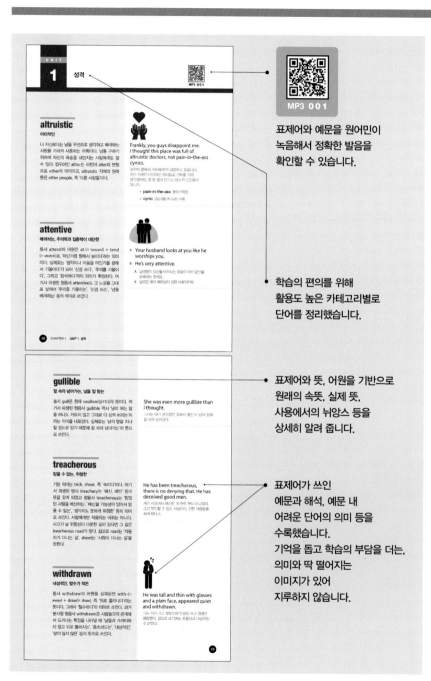

표제어와 예문을 원어민이
녹음해서 정확한 발음을
확인할 수 있습니다.

학습의 편의를 위해
활용도 높은 카테고리별로
단어를 정리했습니다.

표제어와 뜻, 어원을 기반으로
원래의 속뜻, 실제 뜻,
사용에서의 뉘앙스 등을
상세히 알려 줍니다.

표제어가 쓰인
예문과 해석, 예문 내
어려운 단어의 의미 등을
수록했습니다.
기억을 돕고 학습의 부담을 더는,
의미와 딱 떨어지는
이미지가 있어
지루하지 않습니다.

이 책은 처음부터 차근차근 읽어도 좋고, 아무 페이지나 펼쳐서 시작해도 좋습니다. 중요한 것은 꾸준히 하는 것이죠. 그리고 어휘 공부의 핵심은 다음 두 가지입니다.

예문 학습

어휘 학습에서 가장 나쁜 것이 'go: 가다, ~ 상태로 변하다' 이렇게만 외우고 끝나는 것입니다. 이런 식으로는 몇 백 개, 몇 천 개를 외워 봐야 전혀 소용이 없습니다. The milk in the refrigerator went sour.(냉장고에 있던 우유가 상했다.)처럼 예문으로 완전히 외워야 자기 것이 됩니다. 그러니 이 책에 나온 어휘를 공부할 때는 반드시 예문을 자기 것으로 꼭 만들기 바랍니다. 많이 읽는 것 외에는 왕도가 없습니다.

반복

한 번 보고 들은 건 절대 잊지 않는 천재가 아닌 이상 반드시 앞에서 배운 것을 반복해야 합니다. 오늘 Unit 1을 공부하고, 내일 Unit 2를 공부한다면, Unit 2 공부가 끝나고 나면 전날 공부했던 Unit 1 내용을 다시 한번 훑어봐야 합니다. 이때는 이미 알던 것은 빼고 모르는 것만 집중 공략하는 것이 필요하지요. 이렇게 반복할수록 머릿속에 더 많은 것이 남아서 장기 기억으로 갑니다.

예문 완전 학습과 꾸준한 반복은 어떤 어휘를 공부하든 기본으로 지켜야 할 사항입니다. 그리고 어느 정도 완전히 자기 것으로 되었다 생각이 들면, 인덱스의 한쪽을 가리고 즉, 영어만 보고 한국어 뜻을 말하고 예문을 기억나는 대로 써 보거나 한국어 뜻을 보고 영어 단어를 떠올리는 것을 해 보면 이 책에 있는 내용을 완전히 자기 것으로 할 수 있습니다.

사람

altruistic

이타적인

나 자신보다는 남을 우선으로 생각하고 배려하는 사람을 가리켜 사용하는 어휘이다. 남을 구하기 위하여 자신의 목숨을 내던지는 사람에게도 쓸 수 있다. 접두어인 altru-는 라틴어 alter의 변형으로 other의 의미이고, altruistic 자체의 원래 뜻은 other people, 즉 '다른 사람들'이다.

Frankly, you guys disappoint me. I thought this place was full of altruistic doctors, not pain-in-the-ass cynics.

솔직히 말해서, 여러분에게 실망하고 있습니다. 저는 이곳이 이타적인 의사들로 가득할 거라 생각했어요. 할 말 없게 만드는 냉소적 인간들이 아니라.

- **pain-in-the-ass** 골칫거리인
- **cynic** 냉소하는/비꼬는 사람

attentive

배려하는, 주의력과 집중력이 대단한

동사 attend의 어원은 at-(= toward) + tend(= stretch)로, '어딘가를 향해서 늘이다'라는 의미이다. 실제로는 '생각이나 마음을 어딘가를 향해서 기울이다'가 되어 '신경 쓰다', '주의를 기울이다', 그리고 '참석하다'까지 의미가 확장된다. 여기서 파생된 형용사 attentive도 그 느낌을 그대로 살려서 '주의를 기울이는', '신경 쓰는', '남을 배려하는' 등의 의미로 쓰인다.

A Your husband looks at you like he worships you.

B He's very attentive.

A 남편분이 당신을 바라보는 모습이 마치 당신을 숭배하는 듯해요.
B 남편은 매우 배려심이 강한 사람이지요.

gullible
잘 속아 넘어가는, 남을 잘 믿는

동사 gull은 원래 swallow(삼키다)의 뜻이다. 여기서 파생된 형용사 gullible 역시 '남이 하는 말을 하나도 거르지 않고 그대로 다 삼켜 버리는'이라는 의미를 내포한다. 실제로는 '남의 말을 지나칠 정도로 믿기 때문에 잘 속아 넘어가는'의 뜻으로 쓰인다.

She was even more gullible than I thought.

그녀는 내가 생각했던 것보다 훨씬 더 남의 말에 잘 속아 넘어갔다.

treacherous
믿을 수 없는, 위험한

기본 의미는 trick, cheat, 즉 '속이다'이다. 여기서 파생된 명사 treachery는 '배신, 배반' 등의 뜻을 갖게 되었고 형용사 treacherous는 '믿었던 사람을 배신하는', '배신할 가능성이 있어서 믿을 수 없는', '생각지도 못하게 위험한' 등의 의미로 쓰인다. 사람에게만 적용되는 어휘는 아니다. 사고가 날 위험성이 다분한 길이 있다면 그 길은 treacherous road가 된다. 참고로 road는 '자동차가 다니는 길', street는 '사람이 다니는 길'을 뜻한다.

He has been treacherous, there is no denying that. He has deceived good men.

걔가 지금까지 배신한 게 한두 번이 아니잖아. 그건 부인할 수 없는 사실이야. 선한 사람들을 속여 왔다고.

withdrawn
내성적인, 말수가 적은

동사 withdraw의 어원을 살펴보면 with-(= away) + draw(= draw), 즉 '뒤로 물러나다'라는 뜻이다. 그래서 '철수하다'의 의미로 쓰인다. 과거분사형 형용사 withdrawn은 사람들과의 관계에서 드러나는 특징을 나타낼 때 '남들과 가까이하지 않고 뒤로 물러서는', '움츠러드는', '내성적인', '말이 많지 않은' 등의 뜻으로 쓰인다.

He was tall and thin with glasses and a plain face, appeared quiet and withdrawn.

그는 키가 크고 말랐으며 안경을 쓰고 얼굴은 평범했다. 겉으로 보기에는 조용하고 내성적인 것 같았다.

standoffish

무뚝뚝한, 내성적인, 냉정한, 거만한

어원은 stand(= stay, exist) + offish(= off)로, '멀리 떨어져 머무는'이라는 기본 의미를 지닌다. 폐쇄적이고 소극적인 느낌의 withdrawn과는 달리, 무뚝뚝하며 때로는 거만한 느낌까지 표현하는 어휘이다.

My standoffish dad had hated her tendency to engage in conversation with waitresses and doormen.
무뚝뚝한 성격의 우리 아버지는 식당 종업원이나 건물의 수위 등과 스스럼없이 대화하는 그녀의 성향을 몹시 싫어했다.

- **tendency** 성향, 기질
- **engage in** ~에 관여하다

---

boorish

매너가 형편없는, 천박한, 외모에 전혀 신경 쓰지 않는

주로 남자에게 사용하는 어휘로, 양치는 목동을 뜻하는 herdsman에서 유래했다. 목동은 사람들이 아닌 양들과 시간을 보내며 잠은 텐트에서 자고 들판에 불을 피워 음식을 해 먹는 것이 일반적이었다. 당연히 차림은 허술했고, 세련된 행동이나 매너를 갖고 있을 리가 없었다. 농담을 해도 천박하고, 예의 없고 무례하기 짝이 없는 남자를 표현할 때 이 어휘를 사용한다.

The woman was trapped in a loveless marriage, perhaps with a boorish, aggressive husband.
그 여성은 사랑이 결여된 결혼생활에서 헤어나오지 못하고 있었다. 아마도 남편은 매너가 형편없고 심지어 폭력적인 남성이었을 수도 있었다.

- **be trapped in**
  ~에 빠져서 헤어나오지 못하다
- **aggressive** 공격적인, 물리적으로나 언어적으로 폭력성 있는

---

standout

아주 뛰어난

어원의 의미는 말 그대로 '밖으로 튀어나와(out) 서 있다(stand)'는 project(돌출되다)이다. 육안으로 봤을 때 밖으로 돌출된 상태뿐 아니라 추상적으로 prominent, 즉 '눈에 잘 띄는', '두드러진', '아주 유명하고 뛰어난' 등의 뜻으로도 자주 쓰인다.

She'd been a standout athlete in high school.
그녀는 고등학교 때 아주 뛰어난 운동선수였다.

measured
신중한, 침착한

동사 measure는 원래 '측정하다'라는 의미이고 더 나아가 '판단하다'의 뜻으로도 쓰이는데, 여기서 파생된 과거분사형 형용사인 measured는 '이미 측정되고 판단된', 그래서 '신중한', '침착한' 등의 뜻으로 쓰인다.

In a measured tone, he issued stern instructions to them.
침착한 목소리로, 그는 그들에게 엄중한 지시를 내렸다.

inhibited
행동을 꺼리는, 감정 표현을 억제하는, 어색해하는

동사 inhibit의 어원은 in-(= in, on) + hibit(= hold)로, '안으로 품다'라는 뜻이며, '억제하다', '억누르다' 등의 의미로 쓰인다. 과거분사형 형용사인 inhibited는 '남의 눈을 의식해서 행동을 꺼리는', '감정 표현을 제대로 하지 못하는' 등의 의미를 나타낸다. 또 '남들 앞에서 말과 행동을 자제하는'이라는 의미도 내포한다.

She says and does things that he thinks about but is often too inhibited to say or do.
그라면 생각만 할 뿐 너무 소극적이라서 말이나 행동으로 옮기지 못하는 것들을 그녀는 말하고 행동한다.

pushover
호락호락한 사람, 만만한 사람, 처리하기 쉬운 일

어원의 의미는 something easily done or overcome으로, '쉽게 끝내거나 극복할 수 있는 일'이라는 속뜻을 갖는다. '살짝 밀어서(push) 넘길 수 있는(over) 일'의 느낌이다. 실제로 '식은 죽 먹기', '아주 쉬운 일' 등을 말할 때 사용하며, 여기에 더해 '상대하기 만만한 사람', '호락호락한 사람'을 가리킬 때도 사용할 수 있다.

"I've never met a human with such a strong will."
"You're not exactly a pushover yourself."
"나는 이제껏 그렇게 강한 의지를 가진 사람을 만나 본 적이 없어."
"그렇게 따지면 너도 만만치 않아."

courtly

세련된, 품위 있는, 인상적인

궁중(royal court)에 비치된 여러 사물과 분위기를 상상해 보자. 고급스럽고 우아하며 가격을 매길 수 없을 정도로 비싼 물건들로 가득하다. 한마디로 화려함과 웅장함의 상징이다. 이처럼 '말이 정중하고 세련된' 상태, 그래서 '매우 인상적인 느낌을 주는' 상태를 가리켜 courtly하다고 한다.

His mannerisms are courtly, like those of an eighteenth-century nobleman.
그의 말과 행동에서 드러나는 습관은 세련되고 품위 있다. 마치 18세기 귀족의 그것처럼.

- **mannerism**
  본인은 의식하지 못하는 말과 행동의 버릇

articulate

자신의 생각을 분명히 표현하는, 말을 분명하게 잘하는

기본 의미는 divide speech into distinct parts, 즉 '말을 분명한 부분들로 나누다'이다. 말이 애매해지지 않게 분명히 끊어서 표현한다는 느낌이다. 그래서 '말을 매우 분명하고 정확하게 하는', '자신의 생각을 정확하게 표현하는' 등의 의미로 쓰인다.

He's articulate, strong, persuasive, and argumentative.
그는 말이 아주 정확하고 신념이 강하며 설득력이 있고 (상대의 말에 틈이 있으면) 따지기 좋아하는 성격이다.

- **persuasive** 설득력 있는
- **argumentative** 따지기 좋아하는

gifted

재능 있는

명사 gift에는 '선물' 이외에 '재능'의 뜻도 있다. '태어나면서 물려받은 선물'인 것이다. 여기에서 변형된 형용사인 gifted는 '재능 있는'의 의미로 쓰인다.

He was a gifted pianist. Almost a prodigy.
그는 재능 있는 피아니스트였다. 거의 신동 수준이었다.

- **prodigy** 신동, 영재

engaging
매력적인, 호감이 가는

동사 engage는 pledge, 즉 '맹세하다', '정식으로 약속하다'의 뜻이다. 맹세라고 하면 주로 '충성을 다하겠다', '죽을 때까지 사랑하겠다', '절대 배신하지 않겠다' 등이니, 맹세는 상대의 특별한 면에 매료되었음을 표현하는 방법이라 할 수 있다. engage는 이런 상황에서 '관심을 사로잡다'의 의미로 쓰이며, 그 현재분사형 형용사인 engaging은 '호감이 가는', '관심을 사로잡는', '매력적인' 등의 의미를 내포한다.

He grinned, exposing a set of teeth with many gaps. But a sunny and engaging grin, for all that.
그는 활짝 웃었다. 틈이 여러 군데 벌어져 있는 치아를 드러내면서. 그러나 그럼에도 불구하고 밝고 매력적인 웃음이었다.

- **gap** 틈, 간격
- **sunny** 밝은, 명랑한
- **for all that** 그럼에도 불구하고

sophisticated
세련된, 교양 있는

어원의 뜻은 worldly-wise(세상 물정에 밝은), cultured(교양 있는)이다. 세상 물정에 밝다는 것은 세속적인 느낌이 아니라 세상 돌아가는 사정에 밝다는 의미이다. '지적인 수준이 높으며 그 결과 세련된 취향과 멋을 갖고 있는'의 의미도 포함한다.

She dated sophisticated and accomplished men.
그녀는 매우 세련되고 교양 있으며 뭔가를 뛰어나게 잘하는 남성들과 데이트를 했었다.

- **accomplished** 뭔가를 뛰어나게 잘하는

educated
제대로 설명을 듣고 이해한 상태에서의, 교육을 잘 받은

동사 educate의 어원을 살펴보면 e-(= out, completely) + ducate(= lead)로, '완전히 이끌다'라는 속뜻이 있다. 실제로는 '제대로 교육시키다'의 의미로 쓰인다. 과거분사형 형용사인 educated는 '제대로 교육을 받은', '설명을 듣고 제대로 이해한' 등의 뜻으로 쓰인다.

He was very kind. Explained everything in detail. I made an educated decision.
그는 매우 친절했어. 모든 걸 자세히 설명해 줬지. 결국 난 충분히 설명 듣고 완전히 이해한 상태에서 결정을 내렸던 거야.

- **in detail** 상세히

sultry

관능적인, 섹시한, 무더운

oppressively hot(숨이 막힐 정도로 무더운)의 의미이다. 무더운 날씨를 말할 때 사용하며, hot with lust(욕망으로 뜨거운)의 의미가 더해져 '관능적인, 섹시한' 등의 뜻으로도 자주 쓰인다.

She knew just how to make her voice sultry without sounding salacious—the trick was to pull from the lungs, not the throat.
그녀는 자신의 목소리를 외설스럽지 않으면서 섹시하게 만드는 방법을 알고 있었다. 그 요령은 목소리를 목이 아닌 폐에서 끌어내는 것이었다.

- **salacious** 외설스러운

complacent

자기 만족적인, 자아도취의

어원의 기본 의미는 very pleased(매우 만족한 상태인)로, 자기 자신에게 지나칠 정도로 만족한 상태를 뜻한다. 자신이 신경 써야 하거나 책임져야 할 의무를 무시하는 성향이 complacent한 사람에게서 발견된다. '주변 상황에 신경 쓰지 않아도 된다는 잘못된 생각으로 가득 찬, 그래서 나중에 어떤 좋지 않은 결과가 닥칠지 전혀 예견하지 못하는 자아도취적인 성향을 가진' 정도의 의미를 표현하는 어휘이다.

He seemed complacent, like he took it for granted that she worshipped him.
그는 자아도취에 빠진 것 같았다. 그래서 그녀가 자신을 숭배하듯 지나치게 깍듯이 대하는 것을 아주 당연시했다.

- **take ~ for granted** 당연시하다
- **worship**
  숭배하다, 지나치게 깍듯이 모시다

naughty

행동이 나쁜, 버릇없는, 무례한

evil(사악한), evil act(사악한 행위)의 뜻으로, 바람직하지 못한 행동을 가리켜 '품행이 나쁜', '무례한, 버릇없는'이라고 할 때 사용한다.

Texting while driving is illegal and naughty.
운전 중에 문자를 보내는 것은 불법이며 바람직하지 못한 나쁜 행위이다.

circumspection

신중함, 용의주도함

어원은 circum-(= around) + spect(= look)로,
'주위를 둘러보다'라는 의미이다. 따라서 형용사
circumspect는 '주위를 둘러보는', '신중한' 등의
의미를 갖는다. 말이나 행동에 앞서 한 번 더 주
위를 둘러보듯, 주의 깊게 생각을 해 본다는 뜻이
다. 명사형인 circumspection은 '신중함, 용의주
도함' 등의 의미로 쓰인다.

She admires her sister's
circumspection.

그녀는 언니의 용의주도함에 늘 감탄한다.

- admire 존경하다, 감탄하다

dignified

품위 있는

동사 dignify는 make worthy(값어치 있게 만들
다)의 의미이다. 일반적으로는 '위엄이나 품위가
있어 보이게 만들다'의 뜻으로 쓰인다. 여기에 더
해서 '그럴듯하게 만들다'라는 의미로도 쓰인다.
과거분사형 형용사인 dignified는 '위엄이나 품
위가 있는'의 뜻이다.

He is a trim man, late fifties I guess,
with a dignified manner.

그는 말랐지만 탄탄한 체격을 갖추었고
짐작하기로는 50대 후반 정도이며 매너가 아주
세련되고 품위 있는 남자다.

- trim 말랐지만 건강한

worldly

많은 분야에 관심과 지식이 뛰어난, 다재다능한

세상에서 일어나는 다양한 일에 대한 지식이나
많은 분야의 경험을 갖고 있다는 의미이다. 많
은 나라를 직접 여행하면서 얻은 지식을 통해서
worldly가 될 수도 있지만, 책이나 매스컴을 통
해서 얻은 지식이 많을 때도 worldly하다고 말할
수 있다.

They are wealthy and worldly. I just
want to be like them.

그들은 부유한 데다 다양한 분야의 지식도 풍부해.
나도 그들과 같은 사람이 되고 싶어.

voraciously

매우 열심히, 탐욕스럽게

형용사 voracious의 기본 의미는 devour, 즉 '음식을 탐욕스럽게 먹다'이다. 실제로도 '음식을 게걸스럽게 먹는'의 의미로 쓰이며, 여기에 더해서 '책, 정보, 지식 등을 열렬히 탐하는'의 뜻도 포함한다. 부사 voraciously는 '탐욕스럽게, 게걸스럽게, 열렬히' 등의 의미를 나타낸다.

She checked books out of the library on the subject and read voraciously on weekends, sometimes forgetting to eat lunch or dinner.

그녀는 도서관에서 그 주제의 책들을 대출해서 주말만 되면 미친 듯이 읽었다. 때로는 점심이나 저녁 먹는 것도 잊어가면서.

- check ~ out of ...
  ~를 …에서 빌리다, 대출하다

taciturn

과묵한, 무뚝뚝한

어원의 의미는 silent(원래 말수가 적은)이다. 그래서 '천성적으로 조용한', '과묵한', '수줍음을 많이 타서 말이 적은' 등의 의미로 쓰인다. 그런 사람이 겉으로는 '무뚝뚝한' 상태로 보일 수도 있다.

Taciturn men could become talkative on these subjects.

과묵한 사람들도 이런 주제들을 접하면 말이 많아질 수도 있지.

devoted

헌신적인

동사 devote는 de-(= down, away) + vote (= vow), 즉 '굳게 맹세하다'라는 의미이다. 그래서 '모든 것을 다 쏟아부어서 바치겠다'라는 맹세를 담은 의미로 쓰인다. 과거분사형 형용사인 devoted는 '헌신적인'의 뜻을 갖는다.

He is a loyal and devoted family man.

그는 가정에 충실하고 헌신적인 남자다.

candid

솔직한

어원의 의미는 shiny(빛나는), open(활짝 열린), sincere(진실된)이다. 그래서 '진실된, 속이 다 들여다보일 정도로 숨김없이 진실되고 솔직한'의 의미로 쓰인다.

They have always been candid and brutally honest with each other.
그들은 지금까지 항상 서로에게 솔직하고 잔인할 정도로 숨김없이 정직하게 말하는 사이이다.

- **brutally** 잔인할 정도로

recluse

은둔자

어원으로 보면 re-(= 강조) + cluse(= shut up), 즉 '완전히 닫힌 상태'라는 의미이다. 여기서 발전해 '세상과 단절한 상태로 은둔 생활을 하는 사람'을 가리키며, 형용사 recluse는 '은둔한', '세상을 버린' 등의 의미이다.

A You've been a recluse this weekend.
B I've been busy.
A On your own.

A 이번 주말에는 전혀 눈에 띄지 않던데.
B 계속 바빴어.
A 혼자 있었다는 거네.

- **on one's own** 혼자

MP3 002

지루함 `002-1`

---

blasé
심드렁한

프랑스어 동사 중에 blaser[블라제]가 있다. '향락을 지나치게 제공하여 무감각하게 만들다', '싫증나게 하다' 등의 의미이다. 영어의 동사 가운데 '실컷 만족시키다', '물릴 정도로 제공하다'라는 뜻의 satiate와 같다. blaser의 과거분사형 형용사가 blasé(여러 번의 경험으로 질려서 심드렁한 상태에 있는)이다. 프랑스어가 영어에서 그대로 쓰이는 경우이다.

They were variously impatient, terrified, blasé, and numb.

그들은 오래 기다리는 것 때문에 이미 짜증 난 상태,
겁먹은 상태, (이런 류의 경험을 여러 번 해서)
심드렁한 상태, 그리고 (예상치 못한 변화에)
멍한 상태 등 다양한 상태를 보였다.

- **impatient** 오래 기다려야 해서 짜증 난
- **terrified** 겁먹은 상태인
- **numb** 멍한

---

stodgy
지루한, 따분한

기본 의미는 dull(아주 따분한)이다. 지나칠 정도로 관습적이고 전통적인 느낌을 주기 때문에, 또는 유행에 매우 뒤떨어진 상태여서 따분하고 지루하다는 의미로 쓰인다. 단순히 '따분한 기분이나 상태'만을 말하는 bored와는 달리, 따분함의 구체적인 이유가 있는 어휘이다.

The word, lecture, makes me feel stodgy.

나는 '강의'라는 단어를 들으면 고리타분하게 느껴져.

restive

지루하거나 불만스러워서 가만히 못 있는

원래 not moving ahead. 즉 '앞으로 나아가지 않는'의 의미이다. 실제로는 '앞으로 나아가지 못하고 제자리에 계속 머무르는 상태라서 지루하고 불만스러운 마음에 몸을 가만히 두지 못하는'의 의미로 쓰인다.

I glanced to my left, where the queue at my section was growing restive.

왼쪽을 슬쩍 보니 내가 포함된 구획에 줄 서 있는 사람들은 (줄이 움직이지 않고 정체 상태에 있자) 점점 짜증 내며 몸을 가만히 두지 못하고 있었다.

- **queue** (사람들이) 서 있는 줄
- **section** 구획

fiddle

초조하거나 지루해서 만지작거리다

명사로 쓰이면 '바이올린'이며 동사로 쓰면 '바이올린을 켜다'가 된다. 여기서 '(바이올린을 켜기 위해서 손을 움직이듯이 뭔가를) 만지작거리다', '조작하다', '사기치다' 등의 의미로 확장된다. 그중에 '초조하거나 무료해서 뭔가를 만지작거리다'의 의미로 흔히 쓰인다.

He fiddled with the matchbook in the clean, empty ashtray.

그는 깨끗하고 비어 있는 재떨이에 놓인 성냥첩을 만지작거렸다.

- **matchbook** 종이 성냥, 성냥첩
- **ashtray** 재떨이

antsy

안달하는, 안절부절 못하는, 불안해하는

'개미(ants)가 옷 안으로 들어간 상태'를 연상시키는 어휘이다. 그렇다면 '몸이 근질거리고 소름이 돋아서 안절부절 못하는' 상태가 된다. 이처럼 '초조하고 불안해서, 또는 지루해서 어찌할 바를 모르는'이라는 뜻을 표현한다. 시험 결과를 기다리거나 식구의 귀가 시간이 예상보다 늦어질 때 antsy 상태가 될 수 있다. 따분하고 지루한데 벗어날 특별한 방법이 없을 때도 antsy할 수 있다.

It took so much time to get there.
My daughters got antsy.

그곳에 가는 데 시간이 얼마나 오래 걸리던지,
우리 딸들이 안절부절 못했어.

queasy

메스꺼운, 불안한, 초조한

기본 의미인 wound, hurt(상처를 주다), make uneasy(어수선하고 불안하게 만들다)에서 발전해 실제로는 '감정이 불안한(uneasy)', '긴장되는(nervous)' 등의 의미로 쓰인다. 또 위장의 상태를 표현할 때는 '토할 것 같은(nauseous), 메스꺼운, 역겨운'의 의미를 나타낸다.

The thought makes me feel queasy.

나는 그 생각만 하면 토할 것 같아.

unsettling

마음을 동요시키는, 마음을 불안하게 만드는

동사 settle은 become calm, 즉 '차분하게 하다'라는 의미이다. 여기에서 발전해 '해결하다', '결정하다' 등의 의미로 쓰이며, 그 반대인 unsettle은 '차분하지 못하게 하다', '해결이 되지 않게 하다' 등의 의미를 바탕으로 '불안하게 하다'라는 뜻이 된다. 현재분사형 형용사인 unsettling은 '불안하게 하는, 동요시키는'의 뜻으로 쓰인다.

It was an unsettling feeling.
Especially for a man who so valued his self-control.

그건 불안한 감정이었다. 특히 자신의 자제력을 각별히 소중하게 여기는 그에게는 더욱 그랬다.

- **value** 소중하게 여기다
- **self-control** 자제력

distraught

매우 심란한, 속상한, 매우 언짢은

어원은 dis-(= away) + traught(= draw), 즉 '여러 방향으로 잡아당기다'라는 의미이다. 그래서 '한 곳으로 집중되지 않고 생각이 산만하게 사방팔방으로 흩어지는'의 의미를 나타낸다. 결국 '마음이 산만한, 심란한, 속이 편치 않은' 등의 뜻으로 쓰인다.

It was apparent that the woman was distraught, but all she said was good night before turning and leaving without another word.
분명히 그녀는 몹시 심란한 상태였지만 그저 잘 자라는 인사만 하고 다른 말 없이 뒤돌아 자리를 떴다.

fret

심하게 조바심 내다, 걱정을 너무 심하게 하다

어원을 살펴보면 fre-(= completely) + et(= eat), 즉 '완전히 먹어 치우다'라는 속뜻을 갖는다. 여기에서 파생된 2차적 의미는 wear away by rubbing, 즉 '문질러서 완전히 닳게 만들다'이다. 이 두 의미를 종합해 보면 '마음을 완전히 갉아먹고 헐게 만들 정도로 걱정을 심하게 하거나 조바심을 내다' 정도의 뜻임을 유추할 수 있다.

Stop fretting. It will all work out, I promise you.
너무 심하게 걱정하지 말아요. 다 잘 해결될 거예요. 정말 그렇게 될 거예요.

- **work out** 결국 해결되다

unnerving

불안하게 만드는, 용기를 잃게 만드는

명사 nerve에는 courage, 즉 '용기'의 의미가 들어 있다. 이것이 동사가 되면 '용기를 내어 ~를 하다'라는 의미로 쓰인다. 접두어 un-이 붙은 unnerve는 반대의 의미인 '용기를 잃게 만들다', '불안하게 만들다'의 뜻이 된다. unnerving은 이 동사의 변형인 현재분사형 형용사로, '용기를 잃게 만드는, 불안하게 만드는'이라는 뜻이다.

Her silence became unnerving.
그녀의 침묵이 나를 불안하게 만들었다.

strained

긴장된, 무리한

동사 strain은 bind tightly, 즉 '꽉 묶다'라는 의미이다. 그래서 '세게 잡아당기다', '(근육이나 몸을) 혹사하다', '안간힘을 쓰다' 등의 의미로 확장된다. 이것이 과거분사형 형용사로 변형되어 strained가 되면 '지나치게 신경이 쓰여서 긴장된 상태인', '근육이나 몸이 지나치게 사용되어 긴장된, 또는 무리한 상태인' 등의 의미가 된다.

Too much heft can result in strained hand muscles.

너무 무거운 것을 들면 결국 손 근육에 무리가 갈 수 있다.

- **heft** 들어올렸을 때의 무게, 중량
- **result in** 결과적으로 ~의 상태가 되다

vigilant

바짝 긴장하고 경계하는, 방심하지 않는

awake(잠들지 않고 깨어 있는), alert(경계하는)의 기본 의미에서 발전해 '위험이나 문제 등을 피하기 위해서 바짝 긴장한 상태를 유지하는'이라는 의미로 쓰인다.

You need to be vigilant against complacency.

현 상태에 안주하지 않도록 항상 긴장의 끈을 늦추지 말아야 합니다.

harried

지쳐서 스트레스를 받은 상태인, 일에 쫓기거나 일이 많아서 몹시 힘든 상태인, 몹시 걱정스러운

동사 harry는 원래 make war(전쟁을 일으키다)의 의미이다. 그래서 '적을 계속 공격하다'라는 뜻으로 쓰이며, '상대를 끈질기게 괴롭히다'의 뜻까지 내포한다. 과거분사형 형용사인 harried는 '일에 공격당한 느낌이 들 정도로 일이 너무 많아서 힘들고 지친 상태인' 것을 의미한다. 또 '어렵고 힘든 문제나 걱정거리들 때문에 지칠 정도로 신경이 쓰이는' 상태를 뜻하기도 한다.

She finally arrived, looking harried and a little unkempt.

그녀는 마침내 약속 장소에 도착했는데 지친 표정에다가 약간 단정치 못한 모습이었다.

- **unkempt** 단정치 못한

foul

기분이 아주 안 좋은, 더러운

동사로 쓰이면 우리가 흔히 알고 있는 '파울을 범하다'의 의미가 된다. 파울을 당하는 사람의 입장이 되면 '기분이 더럽고 아주 짜증이 난다'고 할 수 있다. 그래서 형용사로 쓰이면 '아주 안 좋은', '더러운' 등의 의미가 된다. 냄새나 기분, 또는 성격을 말할 때도 사용할 수 있는 어휘이다.

His mood was as foul as the weather.

그의 기분은 날씨만큼이나 아주 좋지 않았다.

repressed

억눌린

동사 repress의 어원을 보면 re-(= back) + press (= press, strike), 즉 '때리고 눌러서 막다'라는 의미이다. 여기서 파생된 과거분사형 형용사인 repressed는 주로 '감정이나 욕구가 억눌린 상태인'의 의미로 쓰인다.

He spoke in a low voice, thick with regret and repressed emotion.

그는 낮은 목소리로, 후회와 억눌린 감정이 가득한 채로 말했다.

- **thick with** ∼이 가득한

pent-up

완전히 억눌린

동사 pen에는 '동물이나 사람을 가두다'의 의미가 있다. 그 과거분사형 형용사인 pent는 '갇힌 상태인'을 뜻한다. 여기에서 '감정이나 분노가 억눌린 상태인'의 뜻이 생성되었다. '완전히'의 의미를 갖는 부사 up이 추가된 pent-up은 '감정이나 화가 억눌릴 대로 억눌린'의 의미이다.

His pent-up jealousy transformed first to grief and then to guilt.

그의 억눌린 질투심은 처음에는 큰 슬픔으로, 다음에는 죄책감으로 바뀌었다.

- **transform** 완전히 바뀌다
- **guilt** 죄책감

determined

단호한, 단단히 마음먹은

동사 determine의 어원을 보면 de-(= off) + termine(= end, limit), 즉 '완전히 끝내 없애다'라는 뜻이다. 그래서 '결정하다, 확정하다' 등의 의미로 쓰인다. 과거분사형 형용사인 determined는 '생각이 확정된 상태인', '단호한' 등의 뜻을 나타낸다.

She became even more determined to carry out her plan.
그녀는 자신의 계획을 끝까지 마무리 짓겠다는 생각을 더욱 다졌다.
- **carry out** 수행하다, 끝까지 마무리하다

unconvinced

전혀 납득하지 못하는

동사 convince의 어원은 con-(강조의 의미) + vince(= conquer)로, '상대를 완전히 정복하다'라는 의미이다. 이 의미를 바탕으로, 실제로는 '논쟁을 통해서 상대를 완전히 납득시키다', '완전히 설득하다' 등의 뜻으로 쓰인다. 과거분사형 형용사인 convinced가 되면 '완전히 설득된 상태인', '전적으로 확신하는' 등의 의미를 나타낸다. 여기에 부정형 접두어 un-이 붙어서 unconvinced가 되면 '전혀 설득되지 않은 상태인', '상대의 말을 듣고 전혀 납득하지 못하는' 등으로 해석된다.

I believed her, but he looked unconvinced.
나는 그녀의 말을 믿었지만, 그는 전혀 납득하지 못하는 표정이었다.

dubious

확신이 서지 않는, 망설이는, 미심쩍은, 의심하는

기본 뜻은 vacillate, doubt, moving two ways (두 방향 속에서 확신이 서지 않아 흔들리다)이며, '두 가지 중 하나를 결정하지 못해서 우왕좌왕하는', '확신이 서지 않는' 등의 의미로 쓰인다. 남의 말이 미심쩍거나 의심스러운 게 아니라 어떤 결정을 내리려는 순간 그것에 대한 확신보다는 의심이 계속 생긴다는 것이다. dubious에서 du-는 duo, 즉 two(둘)의 의미이다.

She was slightly dubious when he suggested they go kayaking.
그녀는 그가 다같이 카약을 타러 가자고 제안했을 때 그 제안을 받아들여야 할지 말지 약간 망설였다.

상실감, 낙담, 감상적인 상태

bereft
깊은 상실감에 빠진

동사 bereave의 어원은 be-(= completely) + reave(= rob)로, '완전히 털어 가다'라는 뜻이다. 그래서 실제로는 '모든 것을 앗아 가다', '가족이나 친구와 사별하다' 등의 의미로 쓰인다. 그 과거분사형 형용사인 bereft는 '모든 것을 빼앗긴', 또는 '사별로 인해서 상실감에 빠진'의 뜻을 갖는다.

She was suddenly feeling bereft without him.
그녀는 그가 떠나고 갑작스럽게 깊은 상실감에 빠졌다.

forlorn
쓸쓸한, 우울한, 절망적인, 낙담한, 비관적인, 비참한

어원을 보면 for-(= completely) + lorn(= lose), 즉 '완전히 상실한', '완전히 버려진' 등의 의미이다. 이를 바탕으로 '쓸쓸한', '절망적인', '비관적인' 등의 의미로 쓰인다.

She gave him a forlorn smile and nodded.
그녀는 그를 향해 (상실감에서 오는) 쓸쓸한 미소를 지으며 고개를 끄덕였다.

resigned
체념한 듯한

동사 resign은 renounce, give up(포기하다)의 의미를 나타낸다. 여기에서 '사임하다, 물러나다'의 뜻이 생겼으며, '체념하다'의 의미도 들어 있다. 명사형인 resignation 역시 '사임', '사직' 이외에 '체념', '받아들임' 등의 뜻으로 쓰이고, 형용사 resigned는 '이미 체념한', '힘든 일을 감수하는' 등의 의미를 갖는다.

The resigned note in his voice simultaneously angered and distressed me.
그의 체념한 듯한 목소리가 나를 화나게, 그리고 동시에 괴롭게 만들었다.

- **note** 어조, 기색
- **simultaneously** 동시에
- **anger** 화나게 하다
- **distress** 괴롭히다

disheartened
낙담한 상태인

동사 hearten은 원래 put heart into ~, 즉 '심장을 ~ 안에 집어넣다'라는 뜻으로, 실제로는 '용기와 희망을 불어넣다'의 의미로 확장되어 쓰인다. '~의 반대(the opposite of ~)'를 뜻하는 접두사 dis-가 붙어 dishearten이 되면 '용기를 잃게 하다', '낙담시키다' 등의 의미가 되고, 그 과거분사형 형용사인 disheartened는 '용기와 희망을 잃고 실망 속에서 낙담한'의 뜻으로 쓰인다.

She grew disheartened as she watched them play well under pressure.

그들이 압박감을 느끼면서도 경기를 잘 풀어가는 것을 보면서 그녀는 점점 낙담했다.

dismay
극심한 실망감, 불안감, 두려움

어원을 살펴보면 dis-(= not) + may(= be able to), 즉 '뭔가를 할 능력이 되지 않는'의 뜻이다. 여기에서 발전해 뭔가를 처리할 수 있는 능력이 상실된 상태에서 느껴지는 '실망감', '불안감', 그리고 그에 따른 '두려움'을 의미한다.

She shook her head in dismay. "I can't believe I haven't mentioned him before. I completely forgot him."

그녀는 깊은 실망감에 고개를 가로저었다.
"제가 그 사람을 전에 언급하지 않았다는 게 정말 실망스럽네요. 그를 완전히 잊고 있었어요."

despondency
낙담, 실의

형용사 despondent의 기본 의미는 lose courage (용기를 잃다), give up(포기하다)이다. 이것이 실제로 쓰일 때는 '낙담한, 실의에 빠진' 등의 의미를 나타내며, 명사형인 despondency는 '낙담, 실의'의 뜻으로 쓰인다.

We don't expect despondency from lottery winners or citizens of oil-rich nations.

로또에 당첨된 사람들이나 석유 자원이 풍부한 나라의 국민들이 낙담과 실의에 빠질 거라고 누가 예상이나 하겠는가.

adrift

방황하는, 표류하는

어원은 a-(= on) + drift(= a slow movement from one place to another)로, '한 장소에서 다른 장소로 느리게 움직이는'이라는 속뜻을 나타낸다. 이 의미가 사물에 적용되면 '공중이나 물 위에 느릿느릿 떠다니는'이 되고, 우리의 삶이나 생활에 적용되면 '계획이나 목적 없이 그냥 무의미하게 어영부영 흘러가는', '방황하는' 등의 의미가 된다.

They had become the best of friends. His absence left her feeling adrift.

그들은 세상에 둘도 없는 친구가 되었다. 그가 자리를 비우자 그녀는 자신의 삶이 표류하는 느낌이 들었다.

- **absence** 부재

hollow

텅 빈, 공허한, 헛된, 알맹이가 쏙 빠진 듯한

물리적으로는 '속이 텅 빈' 상태를 의미한다. 그래서 살이 많이 빠져서 '움푹 들어간 볼'을 hollow cheeks라고 한다. 지킬 의사가 전혀 없는 약속이라면 '공허한 약속'이 되어 hollow promises가 되고, 목표한 바를 이루었는데도 왠지 공허한 느낌이 든다면 hollow achievement라고 말한다. 진정으로 내가 중요하다고 생각하는 것이 이루어지지 않음을 뜻한다. 또 '마음이 텅 빈 듯 허한 감정이 든다'는 feel hollow로 표현할 수 있다.

Looking at her made me feel hollow.

그녀를 보고 있노라니 허전하고 공허한 기분이 들었다.

emotional

감상적인, 정신적인, 심리적인, 감동적인

명사 emotion의 어원은 e-(= out) + motion (= move)으로, '내재된 것이 밖으로 움직여 나가는 것', 즉 '밖으로 강하게 표출되는 감정'을 뜻한다. 여기서 파생된 형용사 emotional은 '밖으로 감정이 표출된 상태인'이 원래의 뜻이며, 상황에 따라서 '감상적인', '심리적인', '감정적인' 등의 의미로 해석할 수 있다.

It's not just that I'm emotional about rain.

내가 지금 비 때문에 감상적으로 변해서만은 아니야.

냉담, 반감 ┌002-5┐

aloof

냉담한, 우호적이지 않은, 다정하지 않은

어원은 a-(= on) + loof(= windward direction, the weather side of a ship), 즉 '바람이 부는 방향으로', '배의 바람을 받는 옆면에' 등의 속뜻을 갖는다. 항해 중인 선박에서 유래한 어휘이다. 뱃머리를 바람이 부는 방향으로 돌려서 배의 옆면을 적당한 각도로 꺾어 바람을 맞으면서 항해해야 배가 해안으로 밀려서 좌초되는 사고를 막을 수 있다. 결국 배는 해안으로부터 멀어져 항해해야 한다. 이 상황에서 '배'는 '나', '해안'은 '다른 사람들'에 비유되어, '내가 다른 사람들로부터 멀어지다'의 의미로 확장된다. 그래서 실제로는 '멀리 떨어져 있는', '외부와의 접촉을 꺼리는', '상대와 가까워지지 못하고 냉담한', '여러 사람들과 거리를 유지하며 우호적이지 않은' 등의 의미로 쓰인다.

We'd been so aloof with each other that we had barely spoken.
우리는 서로 냉담해져서 한동안 거의 대화를 하지 않았다.

disapproval

반감, 못마땅함

동사 approve의 어원은 ap-(= to) + prove(= try, test something to find if it is good)로, '타당한지 또는 괜찮은지 여부를 시험하다'라는 뜻이다. 실제로는 그 시험을 거쳐 '찬성하다', '승인하다'라는 의미로 쓰인다. 명사형인 approval은 '찬성'과 '인정'을 뜻한다. approve의 반대 의미인 disapprove는 단순히 '반대하다'가 아니라 '상대의 행동이나 말, 태도, 아이디어 등을 못마땅해하다'의 의미이다. 그리고 명사인 disapproval은 '상대의 생각이나 태도, 행동 등이 못마땅함', 그래서 생기는 '반감'의 의미까지 내포한다.

Try as he did to deny it, he was genuinely upset by the old man's disapproval.
아무리 부정하려 해도, 그는 아버지가 자신을 못마땅하게 생각하는 것 때문에 진심으로 화가 났다.

- **try as he did to deny it,** 그가 아무리 부정하려 해도
- **genuinely** 진심으로

discomfort

불편함

comfort의 어원을 살펴보면 com-(= 강조) + fort (= strong), 즉 '강하게 만들다'라는 의미이다. 실제로는 '불편함을 느끼지 못할 정도로 강한 상태', 즉 '안락, 편안'을 뜻한다. 여기에 lack of(~이 부족함), apart(~와 동떨어진)의 의미인 접두사 dis-가 붙어서 discomfort가 되면 '불편, 불편함'의 뜻이 된다. 짜증이 나서 심리적으로 불편하거나, 심하지는 않더라도 몸이 불편한 경우에 쓰인다. 감기에 걸렸거나, 새로 산 신발이나 옷이 불편한 경우, 치아가 불편할 때, 편치 않은 상황을 접해서 마음이 불편한 경우 등을 모두 표현할 수 있는 어휘가 discomfort이다.

She shifted in her chair and felt a discomfort she didn't quite understand.

그녀는 의자에 앉아서 자세를 바꿨다. 왜 그런지 정확히는 모르겠지만 뭔가 불편함이 느껴졌다.

- **shift** 자세를 바꾸다

ambivalent

서로 반대의 감정이 공존하는

어원은 ambi-(= both) + valent(= strength), 즉 '두 힘 모두 강력한'의 의미이다. 실제로는 둘 중 하나를 선택 또는 결정해야 하는 순간에 양쪽의 장단점이 너무 분명해서 결정을 내리지 못 한다는 의미를 포함한다. 그래서 '서로 반대되는 감정이 공존하는', '결정이 매우 힘든' 등으로 해석된다.

Sometimes I became so ambivalent, I was tempted to reject the idea altogether.

때로는 극과 극의 감정이 공존해서 그 생각 자체를 완전히 접고 싶은 유혹도 느꼈다.

- **be tempted to** ~를 하고 싶다. ~를 해야겠다는 유혹을 받다
- **reject** 거부하다, 거절하다

disconnected

단절된, 동떨어진

connect는 con-(= together) + nect(= bind, tie), 즉 '함께 연결하다/연결되다'의 뜻을 나타내 실제로도 '연결하다'의 의미로 쓰인다. 과거분사형 형용사인 connected는 '연결된', '관련이 있는' 등의 뜻을 갖는다. 여기에 반대의 의미를 뜻하는 접두사 dis-가 붙어서 disconnected가 되면 '감정의 연결 고리가 끊긴', '감정이 단절된', '서로 동떨어진' 등의 의미를 나타낸다.

She felt disconnected from him. Their lives were on such different paths these days.

그녀는 그와 감정 교류가 단절된 느낌이 들었다. 요즘 그들의 삶이 서로 너무도 다른 방향으로 향하고 있었던 것이다.

- **path** 길, 방향

당황, 충격 | 002-6

floored

놀라거나 혼란스러워서 적절한 반응을 하지 못하는

동사 floor는 '바닥으로 때려눕히다'의 의미이다. 그 과거분사형 형용사인 floored는 '때려눕혀진' 상태를 말한다. 상대로부터 전혀 예상하지 못 했던 말이나 행동을 접한 후 놀라서 바닥에 쓰러진 채 적절한 반응을 못하는 느낌이다. 우리가 흔히 말하는 '뒤통수를 한 방 맞고 쓰러진 듯한' 기분이 들 때 floored를 쓰면 정확하다. 긍정적인 상황과 부정적인 상황 모두에 쓰인다.

She was genuinely floored.
"I don't know what to say."
"Say nothing. That's what friends are for."

그녀는 놀라고 혼란스러워서 진심으로 할 말을 잃었다.
"뭐라고 말해야 할 지 모르겠네."
"아무 말 말아. 친구 좋다는 게 뭐야."

flustered

허둥대며 당황한

동사 fluster는 bustle(바삐 움직이다), confuse (혼란스럽게 하다)를 의미한다. 실제로는 '혼란스러운 상태에서 정신없이 움직이며 허둥지둥하게 만들다' 정도의 의미로 쓰인다. 여기서 파생된 과거분사형 형용사인 flustered는 '허둥지둥 당황한 상태인'의 뜻이다.

He says nothing, waiting patiently as I become increasingly embarrassed and flustered.

내가 점점 더 당황하고 허둥대는 동안 그는 아무 말 없이 참으며 기다려 준다.

nonplussed

당혹스러워서 말문이 막힌

동사 nonplus의 속뜻은 be unable to proceed or decide, 즉 '계속 진행하거나 결정할 수 없다'이다. 여기서 파생된 과거분사형 형용사인 nonplussed는 말문이 막혀서 어떤 대답으로 대화를 이어갈지, 또는 어떤 결정을 내려야 할지 모르는 상태를 의미한다. '놀라고 당혹스러워서 할 말을 잃은'의 뜻으로 흔히 쓰인다.

"I've been thinking," he finally said. "How would you feel about having your own apartment in New York?" She was nonplussed.

"내가 계속 생각해 봤는데," 그가 마침내 말했다.
"뉴욕에 당신 아파트를 사면 어떨 것 같아?"
그녀는 당황해서 말문이 막혔다.

confounded

당혹스러운

동사 confound의 기본적인 의미는 disgrace(수치심을 주다), ruin(엉망으로 만들다)이다. 여기서 발전해 '정신적으로 혼란스러운 상태를 만들다', '어리둥절하게 만들다' 등의 뜻을 갖게 되었다. 이 동사의 과거분사형 형용사인 confounded는 '정신적으로 매우 혼란스러운 상태인', '당혹스러운' 등의 의미로 쓰인다.

I'm confounded and heated by his steady gaze.

나를 계속 바라보는 그의 강렬한 시선에 당혹스럽기도 하고 얼굴이 화끈거린다.

- **steady gaze** 계속되는 (강렬한) 시선

disconcerted

당황한

동사 disconcert는 dis-(= do the opposite of) + concert(= bring together), 즉 '하나로 합쳐지지 않다'라는 의미이다. 그래서 '마음의 평정을 깨다', '불안하게 만들다' 등의 뜻을 나타내며, 과거분사형 형용사인 disconcerted는 '혼란스러운', '당황한', '스트레스 받는' 등의 뜻으로 쓰인다.

He was at first disconcerted at the sight of her in so remote a place.

그는 그렇게 외진 곳에서 그녀를 발견하고는 처음에 혼란스럽고 당황했다.

- **at the sight of** ~를 보고
- **remote** 외진, 먼

panicked

공황 상태에 빠진, '멘붕'에 빠진

명사 panic은 '갑작스러운 공포', '공황 상태' 등의 의미이며, 동사로 쓰이면 '공황 상태에 빠지다'라는 뜻이 된다. 그리고 동사의 과거분사형 형용사인 panicked가 되면 '공황 상태에 빠진'의 의미로 쓰인다.

I felt a little panicked over the fact.

나는 그 사실 때문에 약간 멘붕 상태였어.

shaken

불안한 상태인, 충격을 받은 상태인

동사 shake는 '흔들다'라는 의미이다. 이 흔들림은 몸의 흔들림뿐 아니라 마음의 흔들림도 포함한다. 여기서 파생된 과거분사형 형용사인 shaken은 '몸이 흔들리는'은 물론이고 '정신적으로 흔들리는', 즉 '불안한', '충격을 받은' 등의 의미를 나타낸다.

I was a bit shaken by her driving but thought it best not to mention anything.

나는 그녀의 운전에 약간 불안해지기는 했지만 거기에 대해서는 아무런 언급도 하지 않는 것이 최선이라고 생각했다.

astounded

몹시 놀란, 매우 심한 충격을 받은

동사 astound의 어원은 stun(기절시키다)이다. 그래서 '기절할 정도의 놀라움이나 충격을 주다'라는 의미를 나타낸다. 과거분사형 형용사인 astounded는 '기절할 정도로 놀란', '충격을 받아서 입이 딱 벌어진' 등의 뜻으로 쓰인다.

He was astounded at the enormous sums of money.

그는 엄청난 액수의 돈을 보고 기절할 정도로 놀랐다.

staggered

충격을 받은, 깜짝 놀란

동사 stagger는 물리적으로 '휘청거리다', '휘청거리게 하다'라는 의미를 나타낸다. 여기서 더 나아가 '큰 충격을 주어 정신적으로 휘청거리게 하다'의 의미로도 흔히 쓰인다. 이 동사의 과거분사형 형용사인 staggered는 '큰 충격을 받은, 몹시 놀란 상태인'의 뜻으로 쓰인다.

I'm staggered by his lack of humility.

나는 그의 겸손함이 결여된 태도에 큰 충격을 받았다.

- lack 부족, 결핍
- humility 겸손

bewildering

혼란스럽게 하는, 갈피를 못 잡게 만드는

동사 bewilder의 어원은 be-(= thoroughly) + wilder(= lead astray)로, '길이 완전히 잘못된 방향으로 가다'라는 뜻이다. 그래서 '혼란스럽게 하다', '갈피를 못 잡게 만들다' 등의 의미를 나타낸다. 여기서 파생된 현재분사형 형용사인 bewildering은 '어떻게 해야 할지 몰라서 당황하게 만드는, 혼란스럽게 하는'의 의미를 표현한다.

This is new and it's a bit bewildering. I apologize. There we are.
이게 새것이라서 어떻게 다루는 건지 좀 당황스럽네요. 죄송해요. 아, 다 됐습니다.

floundered

허둥대는, 당황하는

명사로 flounder는 도다리나 넙치 같은 '넙치류 생선'을 의미한다. 동사로 쓰이면 생선을 물 밖으로 던져 놓았을 때 파닥거리는 모습처럼 '어쩔 줄 몰라서 허둥대다, 당황하다'의 의미를 갖는다. 여기에는 실수해서 당황하는 모습도 포함된다. 동사의 과거분사형 형용사인 floundered는 '당황한, 허둥대는' 등의 의미를 나타낸다.

My heart was scrambled and floundered at even the most innocent noises.
내 마음이 뒤죽박죽인 상태여서 주변의 아주 사소한 소음에도 당황하고 허둥댔다.

- scrambled 뒤죽박죽 상태인
- innocent noises 아무런 의도 없이 자연스럽게 생기는 소음, 즉 사소한[생활] 소음

befuddled

정신이 없는, 어리둥절한, 혼란스러운

동사 befuddle을 어원으로 보면 be-(= around, about) + fuddle(= get drunk)로, '술에 취해 돌아다니다'의 의미이다. 실제로는 '술에 취한 상태인 것처럼 정신을 잃게 하다', '어리둥절하게 하다' 등의 뜻으로 쓰이며, 그 과거분사형 형용사인 befuddled는 '술에 취한 것처럼 정신이 없는', '혼란스러운' 등의 의미를 나타낸다.

He was too befuddled to work out the time difference.
그는 너무 정신이 없어서 시차를 제대로 계산하지 못했다.

- work out 계산하다
- time difference 시차

faltering

불안정한, 더듬거리는

동사 falter는 stagger, 즉, '비틀거리다'라는 뜻이다. 그래서 '목소리가 흔들리다', '걸음이나 행동이 머뭇거리고 흔들리다' 등의 의미로 쓰인다. 현재분사형 형용사인 faltering은 '행동이 불안정한', '흔들리는', '손으로 더듬거리는' 등의 의미를 나타낸다.

He held her by the arm in a faltering grip. He was steadier on his feet that way.
그는 그녀의 팔을 불안정하게 움켜쥐었다. 그렇게 하니 조금 더 균형을 잡고 서 있을 수 있었다.

- **steady** 균형을 잡고 흔들리지 않는
- **on one's feet** 서 있는

shredded

잘게 조각난, 마음이 찢어진 상태인

동사 shred는 '갈가리 찢다', '채를 썰다' 등의 의미이다. 과거분사형 형용사인 shredded가 되면 '갈가리 찢어진 상태인, 잘게 조각난'의 뜻이 된다. 물리적인 것이 아닌 감정 상태에 사용하면 '마음이 갈가리 찢어진 상태인'의 의미를 나타낸다.

My heart feels shredded into ten thousand pieces.
내 마음이 수만 개의 조각으로 갈가리 찢어진 느낌이 든다.

appalled

간담이 서늘한, 아찔한

동사 appall의 어원은 ap-(= to) + pall(= grow pale), 즉 '창백해지다'라는 의미이며, 일반적으로 '창백해지게 만들다', '오싹하게 만들다', '질리게 하다' 등의 뜻으로 쓰인다. 여기에서 파생된 과거분사형 형용사 appalled는 '놀라서 창백해진', '아찔한', '간담이 서늘해진' 등의 뜻을 나타낸다.

I'm beyond embarrassed and appalled by their behavior.
나는 그들의 행동에 엄청 당황한 것은 물론이고 놀라서 아찔해질 정도였다.

- **beyond embarrassed** 매우 당황한

sheltered

보호를 받는, 시련이 없는

명사 shelter는 '피신', '대피처'라는 뜻이다. '좋지 않은 날씨나 위험으로부터 보호 받음'의 의미이다. 동사로 쓰이면 '막아 주다', '피하다'라는 뜻이 된다. 동사의 과거분사형 형용사인 sheltered는 '좋지 않은 날씨나 위험으로부터 보호를 받는', 그래서 '시련이 없는'의 뜻이다.

It makes me feel safe and sheltered.
그걸로 인해서 안전하고 잘 보호를 받는 느낌이 든다.

grateful

고마워하는, 감사하는

어원은 grate-(= favor, pleasant) + -ful(= full)이다. 즉, '친절과 기쁨, 즐거움이 가득한'이라는 의미이다. 그래서 '어떤 일로 인해서 남에게 고마워하는, 매우 감사하는'의 의미로 쓰인다.

"Thanks again for letting me help."
"I'm the one who's grateful. There are never too many hands."
"제가 도울 수 있게 해 주셔서 다시 한번 감사드립니다."
"고마워해야 할 사람은 저죠. 손(도움)이야 언제나 절대적으로 필요한 거니까요."

animated

활기찬, 명랑한

동사 animate는 give breath to, 즉 '어딘가에 호흡을 불어넣다'라는 의미이다. 호흡은 '생명력'의 상징이다. 그림에 호흡을 불어넣으면 만화 영화, 즉 animated films가 된다. 결국 animated를 직역하면 '호흡이 되어서 활기차고 명랑한 상태가 된'이므로 '명랑한', '활기찬' 등의 뜻으로 쓰인다.

He got animated when he talked about what had happened in the class.
그는 신이 나서 수업 시간에 있었던 일에 대해서 이야기했다.

radiant

빛나는, 환한, 아름다움으로 빛나는

어원의 의미는 beaming, shining(빛나는, 밝은)이다. 단순히 빛을 받아서 밝게 빛나는 것뿐 아니라 '아름다움으로 빛나는'의 의미도 나타낸다. radiant smile은 '밝고 예쁜 미소'를 의미하며, radiant beauty는 '빛나는 아름다움'이다.

She looks too radiant, too alive to be seriously ill.

그녀는 너무 밝고, 활기 넘치는 모습이라서 심각한 병에 걸렸다고는 상상할 수 없다.

- **alive** 활기 넘치는

reassured

안심한, 자신감을 되찾은

동사 assure는 as-(= to) + sure(= safe, secure), 즉 '안전한', '안심하는' 등의 속뜻을 갖는다. 여기에 again의 의미인 접두어 re-가 붙어서 reassure가 되면 '다시 한번 확실하게 안심시키다'라는 의미가 된다. 과거분사형 형용사인 reassured는 '분명히 안심되는', '확실하게 자신감을 되찾은' 등의 뜻으로 쓰인다.

She was reassured by his confident manner yet still puzzled by what he had told her.

그녀는 그의 자신감 있는 태도에 안심했지만, 여전히 그가 자신에게 한 말로 인해서 어리둥절한 상태였다.

- **confident manner**
  자신감 있는 매너, 태도
- **puzzled** 어리둥절한, 당황한

distinguished

유명한, 성공한, 명성이 대단한, 자기 분야에서 한 획을 그은

동사 distinguish의 기본 의미는 separate between, keep separate(다른 것과 분리하다)이다. 이를 바탕으로 '구별하다, 구별 짓다, 식별하다'의 의미로 쓰인다. 과거분사형 형용사인 distinguished는 '다른 것들, 또는 다른 사람들과 분리되어 확실한 차이를 보이는', '다른 사람들과는 달리 성공하거나 유명한' 등의 뜻이다.

My ancestors were all distinguished men. In war, in church, in science, and in education.

우리 조상들은 모두 (업적과 명성에서) 한 획을 그은 분들이었다. 전쟁에서, 교회에서, 과학, 그리고 교육 분야에서.

pampered

과도한 대접을 받는, 지나친 관심과 보살핌을 받는

동사 pamper는 원래 cram with food, 즉 '음식을 밀어넣다', '음식을 과도하게 먹이다'의 뜻인데, 일반적으로 '과도할 정도로 애지중지하다'의 뜻으로 쓰인다. 여기에서 파생된 형용사 pampered는 '지나칠 정도로 과한 대접을 받는' 이외에 '(과도한 친절을 받는 것에 익숙해져서) 방자하게 행동하는', '(당연히 과한 보살핌을 받아야 하는 걸로 생각하고) 제멋대로 구는' 등의 의미를 포함한다. feel pampered는 '필요 이상의 과잉 대접을 받는다는 느낌이 들다'의 의미가 된다.

It's so extravagant, isn't it? I feel pampered.

이거 너무 사치스러운 거 아닌가요? 제가 너무 과한 대접을 받는 것 같아 부담스러워지는데요.

- **extravagant**
  비싼, 과도한, 사치스러운

exhilarated

기분이 아주 좋은

동사 exhilarate의 어원은 ex-(= out, thoroughly) + hilarate(= make cheerful), 즉 '매우 쾌활하게 만들다'라는 뜻이다. 그래서 '아주 기쁘게 만들다'의 뜻으로 사용한다. 여기서 파생된 과거분사형 형용사인 exhilarated는 '매우 기쁜 상태인, 기분이 아주 좋은 상태인'의 의미이다.

By the end of the week, you'll feel completely in control, energetic and exhilarated.

주말까지는 완전히 평정심을 찾고 힘이 넘치는 건 물론 기분도 아주 최상이 될 겁니다.

- **in control** 평정심을 유지하는
- **energetic** 힘이 넘치는

carefree

걱정이 없는, 속 편한

명사 care는 '돌봄', '조심' 등의 뜻 이외에 '걱정', '염려'의 의미도 포함한다. 여기에 '자유로운'의 의미인 형용사 free가 합쳐져 형용사 carefree가 되면 '걱정에서 자유로운, 근심과 걱정이 전혀 없는, 속이 편한' 등의 뜻이 된다.

Everyone seems so carefree in this town.

이 도시에서는 모든 사람들이 전혀 근심이 없는 듯하다.

staunch

확고한, 충실한

기본 의미는 water-tight(물 샐 틈 없는), firm(단호한), stand(단호하게 버티고 서 있다) 등이다. 여기서 발전해 '생각이나 의지가 확고한', '흔들리지 않고 충실한'의 의미로 쓰인다.

Once you have her on your side, everyone falls into line. She's been the foundation's staunchest supporter.

일단 그녀를 당신 편으로 만들면 모두들 동조하게 되어 있어요. 그녀가 그동안 재단의 가장 충실한 후원자였거든요.

- **on one's side** ~의 편으로
- **fall into line** 동조하다

ease

고통이나 불편을 덜어주다

명사로 ease는 '쉬움', '편안함'이고 동사로 쓰이면 '쉽게 해 주다', '편하게 해 주다' 등의 의미이다. 여기에 더해 '부담이나 불편을 덜어 주다'라는 뜻으로도 흔히 쓰인다.

I proposed to my mother that, to ease some of the pressure on her, I leave school and seek employment.

나는 엄마한테 제안을 했어. 엄마의 부담을 조금이라도 덜어 드리기 위해서 내가 학교를 그만두고 직장을 구하는 게 어떻겠냐고 말이지.

- **seek employment** 직장을 구하다

liberated

해방된

동사 liberate는 set free(자유롭게 하다)의 의미이다. 그래서 '~를 자유롭게 하다', '~를 해방시키다'의 뜻으로 쓰인다. 여기서 파생된 과거분사형 형용사인 liberated는 '해방된', '자유로워진'을 뜻한다.

She felt liberated and wonderfully unburdened.

그녀는 해방된 느낌, 그리고 모든 부담이 덜어진 듯한 기분 좋은 느낌을 받았다.

- **unburdened**
  부담과 걱정이 덜어진 상태인

placid

동요하지 않고 차분한

어원의 의미는 pleasing(기분을 편하게 만드는, gentle(조용한, 온화한)이다. 파도 없이 잔잔한 수면을 가리킬 때 흔히 사용하며, 사람에게 쓰면 '쉽게 짜증 내거나 동요하지 않는 조용하고 차분한' 성격을 나타낸다.

I remained as placid and expressionless as a doll.

나는 인형처럼 전혀 동요하지 않고 아무런 감정이 없는 듯한 상태를 유지했다.

- **expressionless**
  감정이 없는, 무표정한

furious

극도로 분노한, 매우 화가 난

어원의 뜻은 full of rage, 즉 '광기가 가득 찬 상태인'이다. 그래서 '옆에서 볼 때 광기가 느껴질 정도로 몹시 분노한'의 의미로 쓰인다. 일반적으로 화났다고 말할 때 쓰는 angry와 비교하면 그 10배 정도로 화가 난 상태를 뜻하며, 폭력성이 가미된 의미이다. 동사형은 '분노하게 만들다', '미치도록 화나게 만들다' 등의 의미인 infuriate.

It left him feeling faintly furious.
그것으로 인해서 그는 조금 화가 치미는 느낌이 들었다.

resentment

분하고 억울함

동사 resent의 어원을 살펴보면 re-(= again) + sent(= feel)로, '다시 느끼다'라는 뜻이다. 어떤 속상한 일을 당해서 분하고 억울한 감정이 머리에서 떠나지 않고 계속 떠오른다는 의미이다. 그 감정이 길게는 몇 년이나 지속될 수도 있다. 그래서 '계속 분하게 여기다', '분개하다' 등의 뜻으로 쓰이는데, 그 명사형이 resentment이다.

He felt enormous pangs of envy. And a resentment growing slowly into hatred.
그는 부러움으로 가슴이 헤아릴 수 없을 만큼 고통스러운 것을 느꼈다. 그리고 그 분하고 억울한 감정이 서서히 증오로 자리잡고 있는 것도.

- **pangs of envy**
  가슴이 몹시 아플 정도의 부러움

dudgeon
화, 억울함

어원의 의미는 a stave, 즉 '말뚝', '막대'이다. 일반적인 막대가 아니라 knife handles, 즉 '칼의 손잡이로 쓰이는 나무'를 뜻한다. 순간적으로 칼을 휘두르고 싶은 감정, 나무로 어딘가를 구타하고 싶은 심정을 나타내는, '화'와 '억울함'을 대변하는 어휘이다. 주로 in high dudgeon(매우 분하고 억울한 상태에 놓인)의 형태로 쓰인다.

The letter had put him in a state of high dudgeon.
그 편지를 읽은 후에 그는 매우 억울하고 화가 나서 닥치는 대로 화풀이를 하고 싶어졌다.

irascible
화를 잘 내는

어원으로 보면 ira-(= anger) + sc-(= becoming), 즉 '화난 상태가 되다'라는 의미이다. 여기에 '사소한 자극에도 그럴 가능성이 충분히 있는'을 뜻하는 -ible이 추가되어 '사소한 자극에도 화를 잘 내는'의 뜻이 된다. 옷깃만 스쳐도 화를 낼 정도로 쉽게 발끈하는 상태를 말한다.

Mike Trout, the irascible boss, was a dead ringer for Don Quixote, including the wispy beard.
마이크 트라웃은 툭하면 성질부리는 사장인데 돈키호테를 제대로 닮았다. 몇 가닥 남지 않은 턱수염까지도 돈키호테 그대로였다.

- **a dead ringer for**
  ~를 똑같이 닮은 사람
- **wispy** 몇 가닥으로 된, 성긴

accusation
비난, 불만의 토로, 고발

동사 accuse는 blame(비난하다), bring to trial (재판에 넘기다) 등의 속뜻을 지닌다. 실제로도 '비난하다', '고소하다' 등의 의미로 쓰이는데, 그 명사형이 바로 accusation이다. 누군가의 행동이나 말이 옳지 않다고 판단해 그를 욕하거나 비난, 또는 불만을 털어놓는다는 의미의 명사이다. 그 비난의 정도가 심해지면 법정까지 끌고 갈 수 있어서 '고발', '기소' 등의 의미도 내포한다.

She couldn't tell if there was a hint of accusation in his voice or just a simple honesty.
그녀는 그의 목소리에 비난의 기색이 조금이라도 있었던 건지, 아니면 단순히 솔직한 자신의 심정만을 담은 목소리였는지 분간하기 어려웠다.

- **hint** 흔적

livid

몹시 화난, 붉으락푸르락하는

기본 의미는 a bluish color(푸르스름한 색깔), black and blue(검푸르게 된)이다. 단순한 '색깔'을 말하는 것이 아니라 '화'를 암시하는 어휘이다. 안색이 맞아서 시퍼렇게 멍든 것 같은 색깔이라면 '매우 화난 상태'를 뜻하게 되고 때로는 '몹시 심한 병에 걸린 상태'를 의미하기도 한다. 일반적으로는 '화'에 국한해서 쓰이며, 흔히 말하는 '붉으락푸르락하다'와 유사한 느낌을 나타낸다.

Livid, he turned to his daughter. "I won't talk to him anymore. He's a disgrace to our entire family."

몹시 화가 나서 얼굴이 붉으락푸르락해진 상태로 그는 딸을 향해 말했다. "난 더 이상 저놈과는 절대 대화하지 않는다. 저놈은 우리 집안 전체의 수치야."

- a disgrace 수치스러운 놈

outraged

격분한, 터무니없고 기가 막혀서 화가 폭발하는

동사와 명사로 쓰이는 outrage는 '광기와 같은 분노를 밖으로 표출시키다'라는 뜻이다. 일반적으로 동사로 쓰일 때는 '격분하게 만들다'이고, 명사로 쓰일 때는 '격분', 심하게는 '잔학 행위'의 의미이다. 여기서 파생된 과거분사형 형용사인 outraged는 '대단히 격분한', '폭력을 행사할 정도로 심하게 화난 상태인' 등의 의미로 쓰인다.

I was outraged at how unfair you were being to him.

나는 네가 그를 너무 부당하게 대하는 모습에 얼마나 화가 치밀었는지 몰라.

detest

혐오하다, 매우 싫어하다

어원은 de-(= from, down) + test(= witness), 즉 '증언하면서 심한 말을 하다(denounce with one's testimony)'의 느낌이다. denounce는 '맹렬히 비난하다'로, down과 같은 느낌이고 testimony(증언)는 witness와 같다. 따라서 detest는 '법정에서 증언하며 피고를 대하듯이 누군가를 매우 혐오하고 몹시 싫어하다'라는 의미를 나타낸다. 여기에 더해서 '욕이 나올 정도로 싫다'는 느낌까지 포함한다.

"I don't know why you invited him," he grumbled.
"He's nice enough. Just drinks a little too much."
"A little too much? That guy's a drunk. I detest people who can't control themselves."

"당신이 왜 저 인간을 초대했는지 모르겠어." 그가 불평했다.
"그 사람 괜찮은 사람이에요. 술을 좀 많이 마셔서 그렇지."
"좀 많이 마신다고? 저 인간 완전히 술꾼이야. 나는 스스로 통제 못하는 사람들은 혐오스러워."

- grumble 불평하다
- a drunk 술꾼, 술고래

loathe

극도로 혐오하다, 토할 정도로 역겹고 혐오스럽다

be evil(사악하게 되다), be hateful(혐오스러워하다), be disgusted with(토할 것 같은 역겨움을 느끼다)라는 뜻이다. 이 자체로만 봐도 누군가를 '극도로 싫어하다'의 뜻인 게 느껴진다. 가만히 있다가도 누군가의 이야기만 나오면 분노하게 되고, 그런 나를 옆에서 보면 '악마(evil)'가 된 듯한 모습을 보는 것 같을 정도로 흥분하는 것이다.

비슷한 어휘로 hate는 '뭔가를, 또는 누군가를 매우 싫어하다'라는 뜻인데, 그 hate가 '가득 찬 상태'인 hateful이 될 정도라면 그 또한 뭐라고 표현할 수 없을 정도로 '혐오스러운'이라는 의미이다. disgusted는 '역겹고 넌더리가 날 정도로 혐오스러운'을 나타낸다. loathe는 이런 '싫어함'의 끝판왕으로 느껴진다.

To say I loathe this guy would be a tremendous understatement.

내가 그를 극도로 혐오한다고 말하는 건, 그 말 자체도 엄청나게 절제해서 하는 거라고.(그 정도로 싫다는 의미)

- tremendous 엄청난
- understatement 절제(된 표현)

abhor

몸을 움츠릴 정도로 혐오하다

어원은 ab-(= away from) + hor(= shudder), 즉 '몸서리치면서 뒤로 물러서다'라는 뜻이다. 너무 싫은 나머지 horror와 dread, 즉 '가까이 있다가 좋지 않은 일이 생기지 않을까 하는 두려움'까지 생겨 뒤로 물러서게 되는 것. 그래서 '몸을 움츠리고 뒤로 물러설 정도로 혐오하고 싫어하다'의 의미로 쓰인다. 특히 도덕적인 이유에서 생기는 혐오감을 느낀다는 의미를 나타낸다.

He abhors revenge. He says revenge is an act of jealousy, not of justice.

그는 복수를 증오한다. 그는 복수가 정의에서 우러나오는 행위가 아니라 질투가 부른 행위라 말한다.

bristle

화가 나서 발끈하다

명사로 쓰이면 '짧고 뻣뻣한 털'을 의미한다. 동사로 쓰일 때는 동물의 털에 빗댄 새로운 의미를 갖는다. 짧고 뻣뻣한 털을 가진 동물들은 뭔가에 자극을 받아서 화가 날 때 목이나 등 부분의 털이 바짝 선다. 여기서 '순간적으로 머리털이 바짝 설 정도로 열 받으며 발끈하다'라는 의미가 생겨났다.

She bristled. She was sick and tired of him patronizing her.

그녀는 발끈했다. 그녀는 그가 자신을 아랫사람 다루듯 하는 것에 신물이 났다.

- **sick and tired of** ~가 지겨운
- **patronize** 아랫사람 다루듯 하다

galling

매우 짜증 나게 하는

동사 gall은 harass(말과 행동으로 희롱하다), irritate(말과 행동으로 짜증 나게 하다)라는 뜻이다. 여기에서 파생된 현재분사형 형용사인 galling은 예의 없고 무례한 행동, 부당한 대우, 또는 남의 실수로 내가 물심양면으로 피해를 입었을 때 생기는 짜증과 화의 감정을 나타낸다. 보통 '화가 날 정도로 굉장히 짜증 나게 만드는'의 뜻으로 이해한다. 이 짜증이 심해지면 공격적으로 변하든지 우울증에 걸리기도 한다.

It was galling that I had to work under him instead of her.

내가 그녀 대신에 그 사람 밑에서 일해야 한다는 사실이 너무너무 짜증 났다.

grumpy

짜증이 나 있는, 짜증을 잘 내는

morose(침울한), surly(무례한) 등의 뜻을 나타낸다. 보는 사람이 불편해질 정도로 표정이 뚱하거나 심술이 나 있는 상태를 말한다. '짜증이 나 있거나 짜증을 잘 내는' 정도로 해석하지만 다른 사람을 불편하게 한다는 느낌도 섞여 있다.

I'm glad to see you smiling. When I got here you looked so grumpy.

네가 웃는 걸 보니 기분 좋네. 내가 아까 여기 도착했을 땐 너 잔뜩 짜증 난 표정이었잖아.

obnoxious

아주 짜증 나게 하는, 불쾌한

어원은 ob-(= toward) + noxious(= injury, hurt), 즉 '마음에 상처를 주다'라는 의미이다. 여기서 발전해 '남을 완전히 미치게 만드는', '너무 불쾌하고 짜증 나게 만드는' 등의 의미로 쓰인다. 공공장소에서 혼자 큰 소리로 떠들어서 주변 사람을 짜증 나게 하거나, 운전을 험악하게 해서 다른 운전자들을 불쾌하게 만드는 경우에 쓰기 적당하다. 그 당사자에게 Stop being so obnoxious!(진상 짓 좀 그만해!)라고 외칠 수 있다.

There was no obnoxious complaining from her.
그녀는 남이 짜증 날 정도로 불평한 적이 없었다.

cranky

사소한 일에 쉽게 짜증 내는, 투덜거리는

sick, 즉 '메스꺼운, 토할 것 같은'의 의미를 지닌다. 실제로는 '사소한 일에도 메스껍다는 듯이 짜증 내며 투덜거리는' 정도의 의미를 나타낸다. 배고프거나 피곤하면 짜증 내는 사람, 무슨 일을 시키면 짜증부터 내는 사람, 이유 없이 투덜대는 사람 등을 가리켜 cranky하다고 한다. '격한 화'와는 달리 '사소한 투덜이' 정도의 수준이다.

I'm a little cranky. I met him at the airport this morning at six. Six in the morning!
내가 오늘 좀 짜증 나서 그래. 내가 오늘 새벽 6시에 공항에서 그 사람을 마중했잖아. 새벽 6시에 말이야!

disgruntled

불만스러운, 언짢은

동사 grunt는 '화'나 '짜증', '못마땅함', '통증', '두려움' 등을 느끼는 상황에서 '끙'류의 단발음을 내는 것이다. 따라서 뭔가 불만족스러워서, 또는 화가 나서 절로 끙 소리가 난다면 disgruntled 상태에 있음을 의미한다.

The door opens, and an older, tiny woman stares up at me with a disgruntled look.
문이 열리자 나보다 나이가 많은 아주 작은 여성이 불만스러운 표정으로 나를 빤히 올려다본다.

- **stare up at** 빤히 올려다보다
- **look** 표정

MP3 004

dapper

말쑥한, 단정한, 멋진, 옷을 잘 입는

어원의 의미는 quick(빠른), active(활동적인), nimble(민첩한, 영리한), small(작은)이다. 이를 종합해 보면 '몸집은 작으며 민첩하고 영리한'의 의미로 이해할 수 있다. 이것을 외모에 적용하면 옷을 입는 센스가 좋아서 '단정한', '유행에 맞게 옷을 잘 입는' 등의 의미로 확장된다. 몸집이 작은 남자에게 사용하는 어휘이다.

He was a small, dapper man with a quick mind.

그는 몸집이 작고 옷을 단정하게 잘 입으며 머리 회전이 빠른 남자였다.

- **with a quick mind**
  머리가 빨리 돌아가는

frizzy

심하게 곱슬곱슬한, 머리가 뽀글뽀글한

자잘하고 심한 곱슬머리를 가리킨다. 일반적인 곱슬인 curled와 비교하여 그 정도가 특이하다고 할 정도로 짧은 곱슬이 머리 전체에 매우 빽빽하게 들어 있어 부스스한 느낌을 준다.

Her hair was a bit frizzy and her makeup splotchy.

그녀의 머리는 약간 뽀글거리는 느낌이었고 화장은 얼룩져 있었다.

- **splotchy** 얼룩진

muss
헝클어트리다, 엉망으로 만들다, 단정치 못하게 하다

어원은 disorder(엉망으로 만들다)의 의미이다. 순서(order)를 뒤죽박죽(dis-)으로 만드는 것이다. 그래서 '단정치 못하게 만들다', '헝클어트리다', '번지게 하다' 등의 의미로 쓰인다. 머리, 화장, 옷 등에 관해 쓰는 어휘이다.

Her lipstick was mussed, her blouse so tight that the buttons were straining.

그녀의 립스틱은 번진 상태였고 블라우스는 너무 꽉 끼어서 단추가 터질 것 같았다.

- **straining** 한계에 이르러 터질 것 같은

subdued
은은한, 부드러운

동사 subdue는 '진압하다', '억누르다', '감정을 가라앉히다' 등의 의미이다. 그래서 과거분사형 형용사인 subdued는 '진압된', '감정이나 기분이 가라앉은 상태인'의 뜻이 된다. 이 단어를 분위기나 색깔에 관해 쓰면 '튀지 않으면서 부드럽고 은은한 느낌을 주는' 정도의 의미를 표현할 수 있다.

Her hair was pulled back with the usual headband, and her only makeup was a very light pink lip balm. She was satisfied that she looked subdued but not too frumpy.

그녀의 머리는 평소에 쓰는 머리띠로 뒤로 넘겼으며, 유일한 화장은 아주 연한 핑크색 립밤을 바른 게 다였다. 그녀는 부드럽고 은은하면서도 너무 유행에 뒤떨어지지는 않게 보이는 자신의 모습에 만족했다.

- **frumpy** 유행에 뒤떨어진

pleat
주름

어원은 fold(접다)의 의미를 나타낸다. 옷에 처음부터 영구적인 목적으로 잡는 '주름'을 말한다. 반면에 실수로 잡힌 주름은 wrinkle이라고 한다. 따라서 wrinkle은 '짜증'과 '화'를 유발한다. 얼굴에 잡힌 '주름'의 경우, 없던 주름이 갑자기 생겨서 짜증이 나는 느낌일 때는 wrinkle을 쓰고, 이미 자리가 잡힌 주름을 말할 때는 pleat를 써서 표현한다.

My skin has begun to lose its elasticity. Look at these tiny pleats here. I'm getting old too.

내 피부는 이미 탄력을 잃기 시작했어. 여기 이 작은 주름들 자리잡은 것 좀 봐. 나도 늙는 거야.

temple

관자놀이

우리에겐 '사원', '절' 등의 의미가 먼저 떠오르지만 얼굴의 '관자놀이'를 의미하기도 한다. 어원의 의미 자체가 side of the forehead(이마의 옆), 즉 '관자놀이'를 뜻한다.

He was as handsome as ever, with dark blond hair that was only now beginning to gray at the temples, a strong, square jaw, and gray eyes that always seemed to be smiling.

그는 여전히 미남이었다. 머리는 짙은 금발에 이제 겨우 관자놀이 부분에 흰머리가 생기기 시작했으며 강인한 느낌의 직각 턱, 그리고 항상 미소 짓는 듯한 회색 눈의 소유자였다.

- **as ~ as ever** 여전히 ~한
- **square** 직각의

features

이목구비

feature는 원래 '뭔가를 두드러지게 만드는 부분적인 특징'을 의미한다. 이것이 얼굴에 적용되면 '얼굴의 부분적인 특징을 이루는 주요 부위들'이 되어 '귀, 눈, 입, 코' 등을 말하게 되는데, 이것이 이목구비이다.

She loved his sharp features and hollow cheeks, his blue eyes and curly hair.

그녀는 그의 선명한 이목구비와 푹 파인 볼, 파란 눈, 그리고 곱슬머리가 몹시 좋았다.

- **hollow cheeks** 푹 파인 볼

dentures

틀니, 의치

어근에 해당되는 dent는 tooth, 즉 '치아'를 의미한다. 의치(false teeth)가 붙어 있는 판이 denture이기 때문에 그대로 단수형을 써도 '의치, 틀니'를 의미하지만 일반적으로는 복수형인 dentures를 써서 틀니 전체를 나타낸다.

Through her ill-fitting dentures, she said, "Go for it."

잘 맞지 않는 틀니를 하고 그녀는 "끝까지 잘 밀어붙여 봐."라고 말했다.

- **ill-fitting** 잘 맞지 않는
- **Go for it.** 끝까지 잘해 봐.

impeccable

흠잡을 데 없는

어원은 im-(= not) + pecca(= to sin) + able, 즉 '죄를 저지를 수 없는', '전혀 죄가 없는'의 의미이다. 여기에서 발전해 '흠잡을 데 없이 깨끗하고 완벽한'의 의미를 나타낸다. 사람이나 사물 모두에 사용할 수 있다.

She looked like she had gained more weight and was not her usual, impeccable self.

그녀는 살이 더 찐 듯해 보였고 평상시의 흠잡을 데 없이 깔끔한 모습이 아니었다.

- **self** 평상시의 본모습

bespectacled

안경을 쓴

어원은 be-(= around, on all sides) + spectacle (= view, watch, observe), 즉 '사방을 둘러보다', '여기저기 다 관찰하다'의 의미이다. 그래서 '(눈이 어두워서) 안경을 쓰고 사방을 두루두루 둘러보는' 정도의 뜻이 되며, 여기서 핵심 의미인 '안경을 쓴 상태로'가 일반적인 의미로 확정되어 쓰인다.

What could a little bespectacled red-haired boy do to earn applause?

체구도 작으면서 안경까지 쓴 빨간 머리 소년이 무엇을 해야 사람들에게 박수갈채를 받을 수 있을까?

- **earn applause** 박수갈채를 받다

broad

넓은, 전반적인

물리적으로 '넓은 공간을 차지하는'의 의미로 쓰이는 것은 물론, 추상적으로 '주제나 의미가 폭넓은'이라는 의미도 나타낸다. 여기서 발전해 '넓은', '전반적인', '광대한' 등의 뜻도 표현한다.

Everything about her was big by nature. She was tall, with broad shoulders, curvy hips, and big feet.

그녀는 모든 게 선천적으로 컸다. 키가 크고 어깨는 넓었으며 골반(엉덩이)의 굴곡은 뚜렷했고 발도 컸다.

- **by nature** 선천적으로
- **curvy** 굴곡이 뚜렷한

crease
주름이 생기게 하다

명사로 쓰이면 '다려서 만드는 주름', 또는 '구겨져서 생긴 주름'을 의미한다. 이것이 동사로 쓰이면 '구기다', '구겨지다' 또는 '피부에 의도적으로 주름을 만들거나 주름이 생기다'라는 뜻을 나타낸다.

She opened her eyes and found him looking at her. A small frown creased the skin between his eyes.

그녀는 눈을 떴고 그가 자신을 보고 있는 걸 알았다. 얼굴을 약간 찡그리자 그의 두 눈 사이에 주름이 생겼다.

- frown 찡그림

aristocratic
귀족적인

어원은 aristo(= noblest, most virtuous) + -cratic (= rule, power), 즉 '매우 고귀하고 고결한 힘을 가진'이라는 뜻이다. 보통 '귀족적인'의 의미로 쓰인다.

He is six feet tall and has an aristocratic face.

그는 키가 6피트에 귀족적인 얼굴을 가졌다.

prominent
돌출된, 유명한

어원은 pro-(= forward, before) + minent(= project), 즉 '앞으로 튀어나오다'의 뜻이다. 여기서 발전해 '두드러진', '눈에 잘 띄는', '유명한' 등의 뜻을 지니게 되며, 어원의 의미를 살려서 '툭 튀어나온, 돌출된' 등의 뜻으로도 자주 쓰인다.

He has black hair, a prominent chin with a dimple in it.

그의 머리는 검고 턱은 돌출되어 있으며 턱 가운데가 옴폭 들어가 있었다.

- dimple 보조개, 옴폭 들어간 곳

tailored

맞춤의, 딱 맞도록 만든

tailor-made라고도 표현하고, custom-made 역시 같은 의미이다. 차이점이 있다면 tailored 와 tailor-made는 옷에 국한되지만, custom-made는 옷을 포함해서 주문 제작이 가능한 다른 모든 물건에 대해서도 쓸 수 있다.

He wore a tailored gray suit, a light blue shirt with a darker blue silk tie, and polished, custom-made shoes.

그는 회색 맞춤 정장에 연한 파란색 셔츠를 입었고, 그보다 더 짙은 파란 실크 넥타이를 매고 광이 나는 주문 제작한 구두를 신고 있었다.

- polished 광이 나는
- custom-made 주문 제작한

crew cut

아주 짧게 깎은 남자 머리

이 어휘가 등장하게 된 배경은 1927년으로 거슬러 올라간다. 당시 예일대학교의 조정부원(rowing member)이던 Jock Whitney가 머리를 짧게 자르고 나타나자, 이를 본 다른 부원들(crew)도 그와 똑같은 머리 모양으로 통일했다. 그 이후로 다른 학교의 조정부원들 사이에서도 이 머리가 유행하게 되었는데, 이것이 바로 crew cut이다. 조정은 보트가 진행되는 반대 방향으로 선수들이 앉아 양손으로 노(row)를 저어 나가는 운동이다. 따라서 머리가 길면 뒤에서 불어오는 바람에 머리가 날려 얼굴을 가리게 되므로 제대로 노를 저을 수가 없다. 그들에게는 crew cut이 필요에 의해서 시도한, 나름 현명하고 편리한 머리 스타일이었던 것이다.

He was short and powerfully built, with an unfashionable crew cut.

그는 키가 작고 체격이 아주 건장했으며, 머리는 유행에 전혀 맞지 않는 아주 짧은 크루 컷이었다.

- powerfully built
  체격이 건장한

mobile

표정이 풍부한, 이동식의, 유동적인

어원의 의미는 movable(움직이거나 이동하는), not firm(고정되어 있지 않는)이다. 이것이 비유적으로는 flexible(유연한), changeable(바뀔 수 있는) 등의 뜻으로 쓰이며, 얼굴에 관해 사용하면 '표정이 유연한', '표정이 풍부한' 등의 뜻을 표현할 수 있다.

She is a slender, dark-haired girl of twenty-four with pale skin and an intelligent, mobile face.

그녀는 날씬한 몸매와 검은색 머리의 24세 여성이며, 하얀 피부와 지적이고 표정이 풍부한 얼굴을 가졌다.

- slender 날씬한
- pale skin 하얀 피부

pouchy

눈밑이 처진, 다크 서클이 있는

명사 pouch는 '주머니'이다. 그 형용사형인 pouchy는 '주머니가 달린 것처럼 눈 밑이 처진'이라는 뜻이다. 그래서 '눈 밑에 다크 서클이 생긴'의 의미를 나타낸다. '가방'을 의미하는 bag 역시 bags under one's eyes라는 표현을 써서 '눈 밑의 다크 서클'을 뜻한다.

Though he is pouchy in the face from a continuous lack of sleep, he is muscular and quick.

그는 비록 거듭되는 수면 부족 때문에 생긴 다크 서클을 달고 다니지만, 근육질의 몸을 가졌으며 몸놀림이 빠르다.

- **muscular** 근육질의

droop

아래로 처지다, 늘어지다

어원의 의미는 drop(아래 떨어뜨리다), sink(아래로 가라앉다)이다. 실제로도 그 의미를 그대로 살려서 '아래로 처지다, 아래로 축 늘어지다'라는 뜻을 나타낸다.

My body is betraying me again. Look at me. My eyelids are drooping.

내 몸이 또다시 (내 의지와 상관없이) 나를 배신하고 있어. 날 좀 봐. 내 양쪽 눈꺼풀이 다 아래로 처지고 있잖아.

- **eyelids** 눈꺼풀

pointed

끝이 뾰족한, 끝이 날카로운

명사 point는 '점', '요점', '장소', '점수' 등을 의미하지만, '사물의 뾰족한 끝'을 뜻하기도 한다. 형용사 pointed는 '끝이 뾰족한'의 뜻으로 쓰인다.

She is one of the prettiest women I've ever seen: milky skin, a sharp, pointed nose and high cheekbones.

그녀는 내가 이제껏 본 여성 중에 가장 예쁘다. 우윳빛 피부에 날카롭고 뾰족한 코, 그리고 툭 불거져 나온 광대뼈를 가졌다.

- **cheekbone** 광대뼈

rangy
팔다리가 긴

동사 range는 '이리저리 돌아다니다'의 의미를 포함한다. 특히 동물이 이리저리 빠른 속도로 편하게 돌아다니려면 호리호리한 몸에 긴 다리가 필수적이다. 그래서 형용사 rangy는 '팔다리가 긴'의 의미를 갖게 되었다.

He has inherited a tall, rangy physique.
그는 큰 키에 팔다리가 긴 체격을 물려받았다.
- **inherit** 물려받다
- **physique** 체격

stubble
면도를 하지 않아서 까칠하게 자란 수염

어원의 의미는 stalk(식물의 줄기), straw(지푸라기)이다. '뻣뻣한 상태'를 강조하며 '면도 후에 하루 이틀이 지나서 까칠하게 자란 수염'을 의미한다.

The stubble was covering his jaw and sharp chin.
시커멓게 자란 까칠한 수염이 그의 옆 턱과 뾰족한 아래턱을 뒤덮고 있었다.

elaborate
정교한

어원은 exert oneself(힘껏 노력하다), produced by labor(노동을 통해서 만들어진) 등을 뜻한다. 이것은 결국 '매우 복잡하고 정교함을 요하는 일을 노력해서 처리한다'는 느낌을 담기에, '(치밀한 계획과 노력을 통해서 생성되었음을 보여 주는) 대단히 정교한'의 의미로 쓰인다.

He has broad shoulders, and on his neck is an elaborate tattoo.
그는 어깨가 넓고, 목에는 대단히 정교하게 새겨진 문신이 있다.

일 상 생 활

congregate

모이다

어원은 con-(= together) + gregate(= gather in a flock)로, '무리 지어 모이다'라는 뜻이다. congregate를 더 쉽게 말하고 싶으면 come together라고 하면 된다. 남과 어울리기 좋아하는 사교적인 사람을 가리켜 gregarious하다고 말하는데, 이 단어 역시 같은 어근인 gregate를 쓴다.

Men and women congregated in groups at an early hour.
여러 명의 남녀들이 이른 시간에 떼 지어 모였다.

dust

먼지를 털다

명사일 때는 '먼지'지만 동사로 쓰이면 '먼지를 털다'가 된다. 반드시 '먼지'에만 국한된 것은 아니고 옷에 묻은 뭔가를 털어 낸다고 할 때 dust를 쓴다. '털어 낸다'는 것은 '붙어 있는 것을 떼어 내다'의 느낌이므로 전치사 off와 함께 쓸 수 있다.

I dusted the crumbs off my dress and closed my bag.
나는 옷에서 빵 부스러기들을 털어 내고 가방을 닫았다.

- **crumb** 빵이나 케이크의 부스러기

materialize
갑자기 어디선가 나타나다

명사 material은 '물질'을 의미한다. '실체'의 느
낌이다. 조금 전까지도 전혀 눈에 띄지 않던 물건
이나 사람이 갑자기 내 눈앞에 나타날 때, 그것을
'보이지 않던 물질의 출현'으로 보아 materialize
라고 말한다.

He materialized next to me and
asked, "May I drive you to work?"
그는 어디선가 갑자기 내 옆에 나타나서
물었다. "제 차로 회사까지 모셔다 드릴까요?"

duck
갑자기 몸을 수그리다

어원의 의미는 plunge into(갑자기 아래로 떨어
지다), suddenly go under water(갑자기 수면
아래로 들어가다)이다. 이 뜻에서 발전해 '갑자기
몸을 수그리다'의 의미로 쓰인다.

He ducked down and read the
note, written in tiny block letters.
그는 급히 몸을 숙이고 아주 작은 대문자로
적힌 안내 쪽지를 읽었다.

summon
호출하다, 부르다

어원은 sum-(= under) + mon(= admonish,
warn, advise), 즉 '불러서 꾸짖거나 경고, 또는 충
고하다'의 의미이다. 실제로도 '잘못된 일의 징계
를 위해서 정해진 시간에 정해진 장소로 소환하
다', '호출하다', '오라고 부르다' 등의 의미로 쓰인
다. '징계', '충고' 등의 느낌이 살아 있다.

He summoned her to his office,
and she gathered the report on
the client.
그는 그녀를 자신의 사무실로 호출했다.
그래서 그녀는 그 의뢰인에 관한 보고서를
챙겼다.

- **gather** 챙기다, 모으다

cradle

부드럽게 잡다, 부드럽게 끼다

어원의 의미는 little bed(작은 침대)이다. 이것이 '아기 침대', 즉 '요람'의 의미를 갖게 되었으며, 동사로는 '아기를 안듯이 조심스럽고 부드럽게 잡다'의 뜻으로 쓰인다.

She cradled the phone between her neck and shoulder to keep her hands free.

그녀는 전화를 목과 어깨 사이에 부드럽게 끼고 양손을 계속 자유롭게 사용했다.

prop

받치다

어원의 의미는 support(지원하다), sustain(지탱하게 하다)이다. 이것이 명사로 쓰이면 '받침대, 지지대'가 되고, 동사로 쓰이면 '받침대로 받치다'가 된다.

He propped a pillow up behind him and leaned against the headboard.

그는 베개를 세워 등 뒤에 받치고 침대 머리판에 기대었다.

purse

불만스러워 입술을 오므리다

명사일 때 영국에서는 '지갑', 미국에서는 '핸드백'을 의미한다. 어원의 의미는 draw together and wrinkle, 즉 '양쪽을 당겨서 주름을 잡다'인데, 속뜻은 '돈자루에 돈을 넣고 끈으로 연결된 윗부분을 당겨서 주름을 잡아 닫다'이다. 그래서 purse가 동사로 쓰일 때는 '입술에 주름이 잡히도록 입술을 꽉 닫고 오므리다'라는 의미를 나타낸다. 이 입 모양은 '불만'을 표현하며, purse one's lips의 형태로 쓰인다.

She pursed her thin lips, giving a little frown.

그녀는 자신의 얇은 입술을 오므렸고, 얼굴을 약간 찡그렸다.

tentative

자신이 없는, 머뭇거리는

어원의 의미는 testing, trying(시험해 보는)이다. 시험해 보는 이유는 '확신이 서지 않기 때문'이다. 그래서 뭔가 불확실하고 선뜻 확정적으로 말하거나 행동하기 힘들어서 '머뭇거리는', '자신감이 결여된' 등의 의미로 흔히 쓰인다.

There was something tentative about the way she'd talked about it. She didn't quite believe in herself.

그녀가 그것에 대해서 말하는 모습에서 뭔가 머뭇거리고 자신감이 없는 듯한 모습이 보였다. 그녀는 자기 자신을 확실히 믿을 수가 없었던 것이다.

lurk

숨어 있다, 도사리고 있다

어원의 의미는 hide(숨기다), lie hidden(숨다), move about secretly(비밀스럽게 움직이다)이다. 실제로는 '나쁜 짓을 하기 위해서 숨어 있다', '위험이 도사리고 있다' 등의 의미로 쓰인다.

I could never be sure where the real danger lurked.

나는 진짜 위험이 어디에 도사리고 있는지 전혀 확신할 수가 없었다.

ensconce

편하게 자리잡게 하다, 편하게 앉히다

어원은 en-(= make) + sconce(= shelter), 즉 '피할 곳을 만들다'의 의미이다. 여기에서 발전해 '편하게 자리잡도록 하다, 편하게 앉도록 하다'라는 의미로 쓰인다. 흔히 ensconce oneself의 형태로 많이 쓰는데, '편하게 앉다'라는 뜻이다. He ensconced himself in the chair.라고 하면 '그는 의자에 편히 앉았다'는 말이다.

In the dark, ensconced in the window seat, she sipped a soothing cup of tea and watched the sea.

어둠 속에서 그녀는 창턱 밑에 붙인 긴 의자에 편히 앉아서 마음을 진정시키는 차 한 잔을 마시며 바다를 지켜봤다.

- **window seat** 창턱 밑에 붙인 긴 의자
- **sip** 조금씩 마시다
- **soothing** 진정시키는

wound

부상을 입히다

어원의 의미는 hurt(상처를 주다), beat(때리다)이다. 흔히 '흉기를 이용해서 타인에게 상처를 주거나 부상을 입히다'라는 의미로 쓰인다.

She was arrested for wounding a man in a movie theater.

그녀가 체포된 이유는 영화관에서 한 남성에게 흉기를 이용해서 부상을 입혔기 때문이었다.

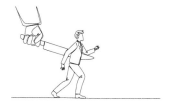

confront

단호하게 대처하다, 맞서서 해결하다

어원은 con-(= together) + front(= forehead)로, '머리를 맞대다'라는 뜻이다. 그래서 '회피하지 않고 맞서다', '어려운 문제이지만 회피하지 않고 단호히 맞서서 해결하다' 등의 의미로 쓰인다.

I'm going to confront her about her alcoholism. My hope is that I can force her to see the truth and seek treatment.

저는 그녀와 마주하여 그녀의 알코올 중독 문제를 단호하게 해결해 나갈 겁니다. 지금 저의 희망은 어떻게든 그녀가 자신이 처한 진실을 제대로 바라보고 치료를 받을 수 있게끔 만드는 겁니다.

- **seek** 구하다, 찾다

shoulder

책임을 지다

'어깨'라는 의미의 명사로만 알기 쉽지만, 동사로
도 쓰여 '어깨에 짊어지다'라는 기본 의미에 더해
'책임을 짊어지다/떠맡다', '안 좋은 결과에 대한
책임을 지다' 등의 뜻을 나타낸다.

If you play it this way, you must
be prepared to shoulder the
consequences.

자네가 그 일을 이런 식으로 처리하면
그 결과를 책임질 준비가 되어 있어야 해.

- **play** 처리하다
- **consequence** 결과

stroll

여유롭게 거닐다, 산책하다

기본 의미는 wander aimlessly, 즉 '목적 없이 천천히 거닐다'이며, '시간에 쫓기지 않고 여유롭게 거닐다', '산책하다' 등의 의미로 쓰인다. 보통 식사 후에 밖으로 나가 운동 삼아 천천히 걷는 것, 또는 공원에서 천천히 걷는 것을 표현할 때 즐겨 사용한다.

After some time, she strolled to the gallery that was usually her last stop.

시간이 조금 지난 후 그녀는 천천히 여유롭게 걸어서 미술관으로 향했다. 그곳은 보통 그녀가 마지막으로 들르는 곳이었다.

amble

즐거운 마음으로 여유롭게 걷다

표면적으로는 stroll과 유사하게 쓰인다. 하지만 amble에는 '즐거움'이라는 의미가 포함된다. 여유 있게 걷는 도중에 날씨와 풍경이 좋아서 즐거워지거나, 처음부터 즐거운 마음으로 어떤 장소를 향해 편안하게 걸어갈 때 사용한다. 원래는 '말(horse)'이 여유롭게 걷는 모습을 묘사하는 어휘였다. 그래서 지금도 여전히 '목가적인 느낌'을 담고 있는 어휘이기도 하다.

Later that night, after a leisurely dinner, they ambled back to the hotel under a warm, star-studded sky.

그날 밤 늦게 느긋하게 저녁을 즐긴 후에, 그들은 즐거운 마음으로 여유롭게 호텔로 걸어 돌아갔다. 공기는 따뜻했고 하늘에는 별이 가득했다.

• **star-studded** 별이 가득한

roam

이리저리 배회하다

특별한 계획이나 목적지 없이 여기저기 배회한다는 의미이다. 동물이 먹이를 찾아 어슬렁거리며 돌아다니거나 사람이 일자리를 찾아 이리저리 기웃거리는 모양새도 포함된다. '산책'과는 무관하다.

I had no big plans for the weekend, so I'd spend Saturday roaming around Manhattan.

나는 주말에 이렇다 할 계획이 없었다. 그래서 토요일에 맨해튼에서 이리저리 다니며 시간을 보낼 생각이었다.

pad

소리 안 나게 조용히 걷다

명사 pad는 '뭔가를 보호하거나 지지해 주는 부드러운 쿠션, 또는 매트'를 의미한다. 여기서 파생되어 동사로 쓰이면 '쿠션이 있어서 걸어도 소리가 나지 않게 보호해 주다'라는 뜻이 되고, 실제로는 '소리가 나지 않게 조용히 걷다'의 의미로 쓰인다.

She reluctantly rose and padded into the kitchen.

그녀는 마지못해서 일어나 부엌으로 소리 나지 않게 조용히 걸어 들어갔다.

- reluctantly 마지못해서

strut

으스대며 보란 듯이 걷다

약간 거만한 태도로 보란 듯이 으스대며 걷는다는 의미이다. 몸매를 자랑하듯이, 또는 걸친 옷을 과시하듯이 걷는 경우에 해당한다.

She knew he was watching her as she strutted in the fitted jacket and short skirt that hugged her bottom.

그녀는 그가 자기를 주시하고 있다는 사실을 의식하면서 체형을 잘 살린 재킷과 엉덩이에 딱 달라붙는 짧은 스커트를 입고 으스대며 보란 듯이 걸었다.

- fitted 체형을 살린
- hug 몸에 딱 들러붙다
- bottom 엉덩이

scoot

서둘러 가다

'장소 이동'의 개념이다. '이곳에서 저곳으로 서둘러서 빨리 가다'의 의미를 갖는다. '스쿠터 (scooter)를 타고 가듯이 특정 장소에 매우 빠른 속도로 가다'라는 느낌이다. '행동'의 개념으로 '서둘러 행동하다'의 뜻을 전하는 hurry, rush 등과는 개념 자체가 다른 어휘이다.

Sorry, I need to scoot. See you next week.

미안해. 내가 지금 빨리 가 봐야 하거든. 다음 주에 보자.

shuffle

발을 질질 끌며 걷다

어원 자체가 move with dragging feet, 즉 '발을 질질 끌면서 움직이다'이다. 발을 바닥에 질질 끌면서(drag) 걷는 것을 의미한다. 싫어서 억지로 걷는 듯한 느낌이다. 셔플 댄스(shuffle dance)는 발을 바닥에 대고 끌면서 박자에 맞추어 추는 춤이다.

With slowness, they began to shuffle along the street towards the pub car park.
느린 속도로, 그들은 발을 질질 끌면서 거리를 지나 술집 주차장으로 향하기 시작했다.

storm

화가 나서 쿵쾅대며 걷다, 뛰쳐나가다

원래 storm은 '거센 폭풍'이다. storm을 사람에게 빗대어 말하면 '화가 나서 분을 참지 못해 바닥에서 쿵쾅 소리가 날 정도로 바닥을 세차게 내딛으며 걷다'라는 의미를 표현한다. 또 그런 상태에서 밖으로 뛰쳐나갈 때도 사용한다. 그런 모습이 '성난 폭풍'에 비유되는 것이다.

The front door opened, and I turned. A man stormed inside.
앞문이 열렸고 나는 돌아봤다. 한 남자가 화가 나서 발을 세차게 구르며 안으로 들어왔다.

stride

성큼성큼 걷다

일반 걸음보다 넓은 보폭으로 성큼성큼 걷는다는 의미이다. 감정이 가미되기보다는 감정과 무관하게 걷는 모양새에 초점이 맞추어진 어휘이다.

She strode over to the window and looked out at the quiet street and shouted, louder than ever.
그녀는 창문으로 성큼성큼 걸어가 창밖 한산한 거리를 바라보며 소리쳤다. 여느 때보다 더 크게.

* **than ever** 여느 때보다도 더

beeline

가장 빠른 일직선으로 걷다

명사 beeline은 두 지점을 연결했을 때 가장 빠른 직선로(direct route)를 말한다. 벌(bee)은 수분 (pollination)을 마치면 지체 없이 벌집으로 돌아가는데 '꽃에서 벌집까지 가장 빠른 일직선로'로 날아간다고 해서 생긴 어휘이다. 그래서 make a beeline for ~라고 하면 '곧장 ~로 가다'라는 의미를 나타낸다. 같은 의미로 동사 beeline을 써서 beeline for ~라고도 표현한다.

Every last customer beelined for the door, some with their mugs in hand.

마지막 남은 모든 손님들이 곧장 문으로 향했는데 일부는 머그컵을 손에 쥔 채였다.

sweep

빠른 속도로 당당하게 걷다

원래 '빗자루로 바닥을 싹 쓸어 깨끗이 청소하다'라는 의미이다. 야구에서 특정 팀과 3연전을 했을 때 그 세 번의 대결에서 모두 승리하면 '스윕 (sweep)했다'라고 하는데 '깨끗이 쓸어버리다, 휩쓸다'와 같은 맥락이다. 이것을 동작에 비유하면 '빠른 속도로 바닥을 쓸듯이 움직이다'가 되고 걷는 행위에 적용하면 '매끄럽고 자신감에 찬 걸음'에 비유된다. 따라서 '빠른 속도로 매끄럽고 당당하게 걷다' 정도의 의미로 쓰인다.

I swept out of the café and into the summer swelter.

나는 카페를 당당한 걸음으로 나서서 한여름의 찜통 더위 속으로 들어갔다.

- swelter 찜통 더위

trudge

터덜터덜 걷다

피곤에 찌들어(exhausted) 내딛는 무거운(heavy) 발걸음을 의미한다. 이럴 때는 당연히 터덜터덜 걸을 수밖에 없다. 폭설을 밟으며 걷거나 진흙탕을 걷는 경우에도 이런 걸음이 나올 수 있다.

He turned up the collar of his trench coat and began to trudge slowly down the hall.

그는 트렌치코트의 깃을 세우고 복도를 터덜터덜 천천히 걷기 시작했다.

slink
살금살금 걷다, 슬그머니 움직이다

조용히 살금살금 걷는다는 의미이다. 상황에 따라서는 그 걸음이 '들키지 않게'의 의도를 담을 수도 있다. 회의나 수업에 늦어서 들키지 않게 안으로 살금살금 걸어 들어가는 모습이다. 어원의 의미는 crawl, creep(기어가다)이다.

There's a cat in the window staring at me. It blinks and slinks away.
창문에 나를 뚫어지게 보고 있는 고양이가 한 마리 있다. 고양이는 눈을 깜빡이더니 저쪽으로 살금살금 걸어간다.

glide
조용조용 부드럽게 걷다

원래는 배가 수면에서 움직이듯이, 사람이 얼음 위를 부드럽게 스케이트 타듯이, 그렇게 부드럽고 자연스럽게 움직이는 모습을 의미한다. 이것을 걸음걸이에 비유하면 '조심스럽게, 부드럽게 살살 걷다' 정도의 의미를 표현한다. 커피숍에서 커피잔을 받아 들고 커피가 쏟아지지 않게 살살 걸어올 때의 모습을 상상하면 된다.

The bartender glides back to me when the coffee is ready.
바텐더는 커피가 준비되자 (그 커피를 들고) 내게로 조심스럽게 살살 걸어온다.

trot
잰걸음으로 걷다

보폭이 짧고 빠른 걸음을 의미한다. 같이 걷는 사람의 보폭이 넓거나 걷는 속도가 빨라서 그를 따라가기 위하여 잰걸음으로 걸을 때, 또는 어느 장소에 빨리 도착하기 위해서 뛰지는 않고 빠른 걸음으로 걸을 때 그 '빨리 걷는 속도'가 강조된 어휘이다.

He trotted after his dad as he strode from the bar.
그는 바에서 성큼성큼 걸어 나가는 아버지를 잰걸음으로 뒤따라갔다.

teeter

넘어질 듯 불안정하게 걷다, 움직이다

어원의 의미는 shake, tremble(흔들리다)이다. 그래서 '걸을 때 몸이 좌우로 흔들리면서 넘어질 듯 불안하게 걷다'의 의미로 쓰인다.

She turns and teeters on her high heels toward the lifts.

그녀는 돌아서 하이힐을 신은 상태로 엘리베이터를 향해서 넘어질 듯 불안정하게 걷는다.

- **lift** (영국) 엘리베이터

wend

천천히 가다, 천천히 이동하다

어원의 의미는 turn(돌다), depart(출발하다)이다. 그래서 '길을 하나 선택해서 그 길이 어떤 모양이든, 곡선이든 직선이든, 길의 상태와는 무관하게 목적지를 향해서 서두르지 않고 가다'의 의미로 쓰인다.

Together they wended their way up the big hill to the observatory.

그들은 함께 큰 언덕을 천천히 걸어 올라 관측소로 이동했다.

- **observatory** 관측소, 기상대

trail

느릿느릿 걷다/따라가다, 질질 끌다

어원의 의미는 tow, drag(끌다), pull(당기다)이며, 실제로도 '질질 끌다'의 의미로 쓰인다. 걸음걸이에 비유하여 '뭔가를 끌거나 당기면서 걷듯이 느릿느릿 걷다'라는 뜻으로도 쓰인다.

She made her way up the hill, trailing behind him.

그녀는 언덕을 오르며 그의 뒤를 따라 천천히 걸었다.

- **make one's way** 가다

stumble

비틀거리다, 말을 더듬다

어원의 의미는 stammer, 즉 '말을 더듬다'이다. 실제로 '말을 더듬다', '말실수를 하다' 등의 뜻으로도 쓰이며, 발을 헛디디거나 걷는 중에 무엇에 걸려서 거의 넘어질 뻔하는 경우에도 쓸 수 있다. '발을 헛디디다', '휘청거리다' 등의 의미로 자주 쓰인다.

She took my hand and pulled me toward the door. I stumbled along behind her.
그녀는 내 손을 잡고 나를 문 쪽으로 잡아당겼다. 나는 그녀 뒤에서 비틀거리며 따라갔다.

meander

이리저리 거닐다

a winding course, 즉 '구불구불한 뱃길'이라는 의미이다. 이것이 동사로 쓰일 때는 '구불구불한 강을 배를 타고 가다'라는 의미를 갖게 되어 '구불구불한 길을 걷다', '목적없이 이리저리 걷다' 등의 의미로 쓰인다.

We have been meandering around this city since Sunday.
우리는 일요일부터 계속 이 도시를 이리저리 정처 없이 걷고 있다.

dash

급히 서둘러 가다

어원의 의미는 strike suddenly and violently (갑자기 거칠게 때리다)이다. 여기서 발전해 '하던 일을 팽개치고 갑자기 (발로 바닥을 차면서) 서둘러서 가다'의 의미로 쓰인다.

"I have tremendous news!" called Mary as she dashed across the street.
"광장한 소식이 있어!" 메리는 큰소리로 외치면서 급히 길을 건넜다.

- **call** 큰소리로 외치다

bound

신이 나서 껑충껑충 달리다

어원의 의미는 leap, jump, 즉 '뛰어오르다'이다. 여기서 파생되어 실제로는 '위로 뛰어오르는 모양새로 껑충껑충 달려가다'의 의미를 나타낸다. 이럴 때는 보통 기분이 좋은 상태이므로 '신이 나서'를 붙여서 이해한다.

An hour later, having checked my stuff at the terminal, I bounded up the steps.

한 시간 후에 나는 터미널에서 짐을 찾은 후, 계단을 껑충껑충 뛰어올랐다.

sprint

짧은 거리를 전력 질주하다

어원의 의미는 leap, spring, start, 즉 '뛰어오르듯 출발하다'이다. 같은 어원을 갖는 bound가 '위아래'의 개념으로 '껑충껑충 뛰다'라면 sprint는 '앞으로 전진'의 개념으로 '쏜살같이 뛰어나가다'를 뜻한다. 여기에는 '전력 질주'의 개념이 포함되는데, 특히 '짧은 거리의 전력 질주'에 해당된다. 따라서 sprint는 '짧은 거리를 쏜살같이 뛰어나가 전력 질주하다'의 의미로 쓰인다.

I checked my street map for the final time and then sprinted like mad all the way to the Headquarters.

나는 마지막으로 약도를 확인하고 나서 미친 듯이 본사까지 쉬지 않고 전력 질주했다.

• like mad 미친 듯이

ferry

짧은 거리를 차로 나르다

어원의 의미는 보트(boat)를 이용한 carry(운반하다), transport(운송하다)이다. '보트'는 '짧은 거리의 이동'을 상징한다. 운송 수단이 보트에 국한되지는 않고, '짧은 거리를 차로 나르거나 데려다주다'의 의미로 쓰인다.

After ferrying us from school to various friends, dentists, and all my important piano lessons, my mom worked several hours in the evenings.

엄마는 우리를 방과 후에 여러 친구들과 약속한 장소, 치과, 그리고 중요한 내 피아노 레슨 등으로 이리저리 차로 실어 나른 후에 매일 저녁 몇 시간씩 일을 하셨다.

MP3 **007**

squint

눈을 가늘게 뜨고 보다

from the corner of the eyes, 즉 '곁눈질로'의 뜻이 담겨 있다. 멀리 있는 것을 볼 때, 빛이 눈에 들어갈 때, 또는 자다가 갑자기 외부 자극에 의해서 깰 때 등 실눈을 뜨게 되는 경우를 표현한다.

She squinted and put her hand up to shield her eyes from the sunlight.
그녀는 눈을 가늘게 뜨고 손을 들어 눈에 들어오는 햇빛을 가렸다.

* shield 보호하다, 가리다

survey

두루두루 살펴보다, 대충 훑어보다

look over, 즉 '대충 보다'라는 의미이다. 하지만 상황에 따라서는 '자세하게 살피다'의 의미도 나타낸다. 그래서 문맥에 따라서 적절하게 해석해야 하는 어휘이다. 물론 우리에게 익숙한 '설문조사를 하다'라는 의미를 나타내기도 한다.

Sinking into the sofa, she surveyed her surroundings with pleasure.
소파에 주저앉으며 그녀는 주위를 즐거운 마음으로 살폈다.

* sink into 쓰러지듯이 주저앉다
* surroundings 주위

skim

훑어보다

액체의 표면에 떠 있는 것을 제거한다는 의미이다. 찌개를 끓이는 중에 위에 뜨는 기름 또는 고춧가루를 제거하거나 우유를 데우면서 위에 뜨는 크림을 제거하는 경우이다. 글을 읽을 때 사용하면 '빨리 읽어 보다', '중요한 내용만 뽑아서 훑어보다' 등의 의미를 나타낼 수 있다. 시간이 없어서 내용을 다 읽지 않고 중요한 부분만 걷어 내서 읽는다는 뜻이다.

I realized tonight while skimming the letters that not one of them details the first moment we met.
오늘 밤 편지들을 훑어보다가 깨닫게 된 사실은 그 편지들 중 어느 하나에도 우리가 만났던 그 첫 순간이 상세히 적혀 있지 않더라는 거야.

peruse

정독하다, 자세히 조사하다

어원은 per-(= thoroughly) + use(= use)으로, '완전히 다 사용하다', '고갈시키다' 등을 의미한다. 여기서 발전해 '뭔가를 아주 자세히 조사하다', '책을 아주 주의 깊게 읽다' 등의 의미를 나타내 실제로 '정독하다', '자세히 조사하다' 등으로 해석한다.

The receptionist is talking on the phone while I peruse the paper.
접수 담당자는 전화 통화 중이고 그동안 나는 신문을 정독 중이다.

peer

유심히 보다, 집중해서 보다

관심을 가지고 집중해서 보는 경우와, 시야가 가려져 보기 힘든 상태에서 애써서 열심히 보는 경우를 표현한다. 관심(attention), 집중(concentration), 그리고 어려움(difficulty)이 동반된 어휘이다.

Peering over the fence was a blond little girl who looked about his age.
울타리 너머로 유심히 보고 있는 건 그의 나이 또래로 보이는 금발의 어린 여자아이였다.

glare

화난 눈빛으로 노려보다, 쏘아보다

원래 glare는 '시야를 방해하는 불빛'을 뜻한다. 운전할 때 눈으로 갑자기 쏟아지는 햇빛이나 마주 오는 옆차선의 차량으로부터 강하게 비치는, 그래서 눈 건강에 해를 끼치는 헤드라이트 불빛 등이다. 더 나아가 '화난 사람이 나를 보는 시선'도 glare라고 한다. '화가 나서 쏘아보는 눈빛'이다. 강한 불빛이 내 눈을 자극하듯 눈빛이 내 눈을 따갑게 쏘는 느낌이다. 이것을 동사로 쓰면 '노려보다', '쏘아보다' 등으로 해석하는데 '빛'에 초점이 맞추어진 어휘이다.

The man was glaring at me like I was the most hated character on a reality TV show.

그 남자는 나를 노려보았다. 마치 내가 리얼리티 TV 쇼에 나오는 가장 밉상 캐릭터인 것처럼.

scan

자세히 검사하다, 훑어보다

우리가 흔히 사용하는 그대로 '스캔하다'이다. 병원에서 몸을 스캔할 때는 '자세히 들여다보고 확인하기' 위해서지만, 보통 우리 눈으로 뭔가를 스캔할 때는 '빠른 속도로 전체를 훑어본다'는 느낌이다. 결국 상황에 따라서 '자세히 검사하다'와 '빠른 속도로 핵심만 찾아 훑어보다'로 구별하여 해석해야 하는 어휘이다.

His eyes scanned me from the top of my head to the soles of my shoes.

그의 눈은 나를 머리끝부터 발끝까지(신발의 밑창까지) 주욱 훑었다.

eye

의심스러운 눈으로 쳐다보다, 뭔가를 원하는 눈빛으로 쳐다보다

단순히 '보다'가 아니라 분명한 '목적'이 담긴 상태의 '보다'이다. '누군가를 믿을 수 없어서 조심스럽게 본다'거나 '뭔가를 해 달라는 눈빛으로 본다'는 '목적'이 있다.

She frowns and eyes the young woman at the desk.

그녀는 얼굴을 찌푸리며 의심스러운 눈초리로 책상에 앉아 있는 젊은 여성을 본다.

scrutinize

세심히 살펴보다

어원의 의미는 examine, investigate, 즉 '조사하다'이다. 실제로도 그 의미 그대로 '매우 세심히 살펴보다'의 뜻으로 쓰인다.

I spent an unreasonable amount of time scrutinizing a pair of pictures hanging over the desk.

나는 지나칠 정도로 오랜 시간을 들여서 책상 위에 걸린 그림 한 쌍을 세심히 살펴봤다.

* **unreasonable** 지나친

peek

재빨리 훔쳐봄

어원의 의미는 look quickly and slyly, 즉 '빠른 속도로 힐끗 보다'이다. 이것이 동사로 쓰일 때는 '재빨리 힐끗 훔쳐보다'가 되고, 명사로 활용되면 '재빨리 힐끗 훔쳐봄'의 뜻을 갖는다.

She took another quick peek toward my tummy.

그녀는 다시 한번 내 배를 재빨리 힐끗 훔쳐 보았다.

* **tummy** 배

scowl

화난 얼굴과 눈빛으로 노려보다

어원의 의미는 look oblique(비스듬히 보다)이다. 이것은 '노려보는 자세'를 의미한다. 실제로 쓰일 때는 '화난 표정과 눈빛으로 노려보다'라는 의미를 나타낸다.

Why are you scowling at me like that? I haven't done anything wrong.

왜 그렇게 나를 노려보는 거야? 난 아무것도 잘못한 거 없는데.

subsist

근근이 살아가다

어원으로는 sub-(= under) + sist(= stand still, remain), 즉, '조용한 상태로 남아 있다'의 의미이다. 결국 '있는 듯 없는 듯 눈에 띄지 않게 조용히 살아가다', '근근이 겨우 먹고 살다' 등의 의미로 쓰인다.

I returned the car and subsist on a shoestring budget.

나는 차도 반납한 상태에서 아주 적은 비용으로 근근이 먹고 살아가고 있다.

- **shoestring**
  아주 적은 액수의, 돈이 아주 적게 드는
- **budget** 비용

bread-winner

생계를 책임지는 사람, 가장

1820년대 영국에서 생겨난 어휘이다. 서구에서는 빵이 생계 수단이었으니, bread-winner를 직역하자면 '빵을 쟁취하는 사람'이 되어 '생계를 책임지는 사람'의 의미로 쓰이게 되었다.

She will be taking over as both homemaker and bread-winner.

그녀는 분명히 주부와 가장으로서의 두 역할을 모두 떠맡게 될 것이다.

* will be taking과 같은 미래진행형은 매우 확실한 미래를 말할 때 사용한다. 그래서 '분명히'를 넣어 해석한다.

- **take over** ~를 떠맡다
- **homemaker** 주부

downsize

비용을 줄이다, 생활 규모를 줄이다

기본 의미는 '크기(size)를 줄이다(down)'이다. 실제로도 '비용 절감을 위해서 인원을 축소하다'의 뜻으로 쓰인다. 여기에 더해서 '생계 유지를 위해서 그동안 들었던 비용의 규모를 축소하다'의 뜻으로도 흔히 쓴다.

If I downsized considerably and pieced together income through part-time jobs, I could possibly hang on.

생활 규모를 좀 많이 줄이고 파트타임으로 여러 가지 일을 해서 수입을 짜 맞추면 아마 버틸 수는 있을 거야.

- **considerably** 상당히, 많이
- **piece together** 짜 맞추다
- **hang on** 버티다

splurge

돈을 필요 이상으로 쓰다

평소보다 더 많은 돈을 쓴다는 의미이다. 특히 그럴 만한 경제적인 여유가 없음에도 자신의 욕구 충족을 위해서 필요 이상의 돈을 지출하는 경우에 해당한다. 상황에 따라서는 '돈을 물 쓰듯 쓰다'로 해석하기도 한다.

When I want to splurge, I love to come here for lunch. They make scrumptious tortilla soup.

나는 돈을 그냥 좀 신경 쓰지 않고 쓰고 싶을 땐 여기에 와서 점심 먹는 걸 아주 좋아해. 여기 토르티야 수프가 정말 맛있거든.

- **scrumptious** 아주 맛있는

paltry

보잘것없는, 생각해 볼 값어치도 없는, 중요하지 않은

기본 의미는 worthless(값어치 없는), trash(쓰레기) 등이다. '쓰레기 취급을 할 정도로 양도 적고 값어치도 없는'의 의미로 쓰인다. a paltry amount of something이라고 하면 '뭔가의 양이 매우 적음'을 의미하며, paltry income은 '보잘것없는 수입'이다. 단순히 뭔가의 '양'에만 국한되지 않고 '하찮은', '중요하지 않은', '고려할 값어치도 없는' 등의 의미로도 확장되어 쓰인다.

That's where she met him, the perfect antidote to her paltry wallet.

그곳에서 그녀는 그를 만났다. 그는 그녀의 보잘것없이 마른 지갑을 채울 수 있는 완벽한 해결책이었다.

- **antidote** 해소 수단, 해결책

measly

쥐꼬리만 한, 형편없고 하찮은

조충의 알에서 깨어난 벌레를 measle이라고 한다. 그 형용사인 measly는 '그 벌레에 오염된 상태'라는 의미를 갖는다. 여기에서 파생되어 매우 부정적인 느낌으로 '형편없이 적은' 양, '하찮고 터무니없는' 상태 등을 말할 때 쓰인다. measly theory라고 하면 '터무니없고 말도 안 되는 이론'을 의미한다.

Her measly salary at the real estate office barely covers the rent here.

그녀가 일하는 부동산 중개 사무소의 쥐꼬리만 한 봉급으로는 지금 살고 있는 이곳의 집세를 겨우 낼 정도이다.

scrimp

극도로 절약하며 살다

어원의 의미는 scant(부족한), meager(메마른, 빈약한) 등이다. 동사로 쓰이면 '특별한 목적을 위해 돈을 매우 아끼고 절약하며 살아가다'의 의미이다.

I have a designer dress I have scrimped to buy.

나한테 명품 드레스가 하나 있는데 그거 사려고 돈을 엄청 절약하면서 살았지.

facilitate

가능하게 하다, 편리하게 하다

어원의 의미는 easy to do, 즉 '하기 쉬운'이다. 여기서 발전해 '뭔가를 쉽게, 또는 가능하게 만들다'의 의미로 쓰인다.

Luxury facilitates your happiness.

사치가 행복을 가능하게는 하지.

handsome

멋진, 훌륭한, 양이 많은, (돈·수가) 상당히 많은

전적으로 '칭찬'의 의미를 포함한다. 남자에게 사용하면 '잘생긴'이며 예전에 여자에게 쓰면 전형적인 미인은 아니지만 '충분히 관심이 가는 시원시원한 외모를 가진'의 뜻이었다. 질이 좋거나 잘 만들어진 물건을 가리켜 '훌륭한'의 의미로 쓸 수도 있고, 돈이나 수의 양을 말할 때 적용하면 '보통 이상으로 많은'을 뜻한다.

She wasn't sure what she wanted, probably a nice desk job with a handsome salary.

그녀는 자신이 원하는 바를 스스로도 확신하지는 못했지만, 아마도 급여가 높은 괜찮은 사무직이 어떨까 생각했다.

afford

금전적인 여유나 형편이 되다, 시간적인 여유가 있다

어원의 의미는 '주다', '제공하다'이다. 여기서 발전해 '금전적으로 지불할 충분한 여유가 있다', 또는 '시간을 할애할 충분한 여유가 있다'의 의미를 나타낸다. 흔히 조동사 can과 함께 연결되어 can afford나 can't afford 형태로 쓰인다.

I don't know if I can afford this place after the month is up, but I'm going to try. Even if that means applying to every business I walk past.

한 달이 다 지났을 때 이 집을 또 빌릴 경제적인 여유가 있을지는 모르겠다. 하지만 시도는 해 볼 것이다. 그러기 위해서 닥치는 대로 아무 일에나 구직 신청을 해야 한다고 하더라도.

- **apply to** ~에 지원하다
- **walk past** 지나치다

sagging

약화되는, 처지는

동사 sag는 어원적으로 sink, 즉 '가라앉다'라는 의미이다. 현재분사형 형용사인 sagging은 '가라앉는', '처지는', '약화되는' 등의 의미로 쓰인다.

Mom's paychecks were getting thinner lately. Supposedly it was the sagging economy.

엄마의 급료는 최근에 점점 줄어들고 있었다. 그건 아마도 경제가 점점 안 좋아지기 때문이었을 것이다.

- **paycheck** 급료
- **get thinner** 줄어들다, 얇아지다

dwarf

왜소해 보이게 만들다

어원의 의미는 something tiny(아주 작은 것)이다. 이것이 실제로는 '신화 속 난쟁이'를 가리키는 어휘로 쓰이는데, 동사로 쓰이면 '아주 작아 보이게 만들다', '왜소해 보이게 만들다' 등의 뜻이 된다.

"Seven euro for a beer? Three euro for a can of Coke? There was a *Lidl* by that last roundabout—we could buy stuff for far less than this."

"The cost of our room will dwarf this minibar bill."

"맥주 한 병에 7유로? 콜라 한 캔에 3유로? 아까 그 마지막 로터리 옆에 '리들' 있었잖아—거기에서 이것보다 훨씬 싸게 살 수 있었을 텐데."
"우리가 묵는 이 방 가격에 비하면 이 미니바에서 나오는 청구서 가격은 터무니없이 싸게 보일 거야."

mundane

평범한, 일상적인

어원의 의미는 worldly, secular, 즉 '세속적인'이다. 여기에서 확장되어 '자극적이지 않고 평범한', '무료할 정도로 일상적인' 등의 의미로 쓰인다.

He dreamed of starting his own business, but when they got married, he took a mundane job just to pay the bills.

그는 창업을 꿈꿨지만 결혼하고 나서는 평범한 일자리를 구해서 그저 날아오는 청구서 비용 대느라 바빴다.

피곤, 스트레스

MP3 009

bushed

몹시 지친

매우 지치고 피곤한 상태를 말한다. extremely tired, exhausted 등과 비슷한 의미이다. 원래 bush는 '덤불'이라는 뜻인데, '덤불 속에서 길을 잃고 헤매다가 빠져나온' 상태가 bushed이니 '몹시 지친'의 의미를 갖게 되었다.

I'm kind of bushed and think I ought to get some sleep.
내가 좀 심하게 지치고 피곤해서 잠을 좀 자야겠어.

frazzled

기진맥진한

동사 frazzle의 어원은 fray로, '천이 해어지게 하다'라는 의미이다. 여기서 발전해 '닳아 떨어지게 하다', '지치게 만들다' 등의 의미를 갖게 되었다. 과거분사형 형용사인 frazzled는 '매우 지친 상태인, 기진맥진한'의 뜻으로 쓰인다.

You seem a little frazzled. Rough day?
당신, 좀 기진맥진한 모습인데. 오늘 하루가 많이 힘들었나 보지?

fade

점점 기력을 잃으면서 피곤해지다

어원의 의미는 weaken(약해지다), wither(시들다)이다. 실제로도 '희미해지다', '점점 사라지다', '시들해지다' 등의 의미로 쓰인다. 사람에게 적용하면 '기운이 점점 사라지다', '점점 기력을 잃다' 등의 뜻이 된다. 기운이 사라지고 기력을 잃으면서 몸은 피곤해지는 것이다.

By the time we got back to the hotel, I was fading and ready for naps.
우리가 호텔에 도착했을 때쯤 나는 기력을 잃고 피곤해져서 잠깐 눈이라도 붙일 상태였다.

shattered
피곤에 찌든 상태인

동사 shatter는 '산산이 부서지다'의 의미이다. 물리적인 상황이 떠오르지만, '희망이 산산조각 나다'처럼 추상적인 상황에도 적용된다. 여기에서 파생된 과거분사형 형용사인 shattered는 그런 물리적 상황과 추상적 상황에 더해서 '온몸이 산산이 부서질 정도로 피곤이 극에 달한'의 의미로도 쓰인다.

Can we finish here for today?
I'm absolutely shattered.
오늘은 여기까지만 할까? 나 너무 피곤해서 몸이 완전히 부서질 것 같아.

shell-shocked
극도의 피곤함으로 꼼짝 못하는, 혼란스러워서 어찌할 바를 모르는

제1차 세계 대전 중에 영국군을 덮친 육체적, 정신적인 장애를 일컫는 어휘이다. 이 장애에는 '극도의 피곤', '신체의 미약한 떨림 현상', '정신적으로 혼란스러운 상태', '악몽', '시력과 청력의 손상' 등이 포함된다. 처음에는 군인들에게 생긴 현상을 표현하는 데 쓰였지만, 지금은 '피곤이나 혼란 등으로 인한 정신적, 또는 육체적 고통'을 말할 때 쓰인다.

I was so shell-shocked from lack of proper rest that I couldn't move from the bed.
나는 적절한 휴식이 부족해서 생긴 극도의 피곤함 때문에 침대에서 몸을 제대로 일으킬 수가 없었다.

snooze
잠깐 눈을 붙이다

'코를 골다'를 뜻하는 snore에서 파생된 동사이다. 정상적인 잠에 해당되는 sleep과는 달리 짧은 시간, 그것도 침대 이외의 장소에서 잠깐 눈을 붙이는 경우에 해당한다.

He was snoozing behind a newspaper in his chair.
그는 의자에 앉아 앞에 신문을 편 상태로 잠깐 눈을 붙이고 있었다.

indisposed

몸이 안 좋은, 내키지 않는

어원의 의미는 unprepared(준비되지 않은), not in order, confused(혼란스러운)이다. 이 뜻이 발전해 '준비가 덜 되어서 내키지 않는', '몸이 온전치 않은', '몸이 살짝 아픈' 등의 의미로 쓰인다.

She is indisposed, so she sent me. I hope you don't mind.

그녀가 몸이 안 좋아서 저를 보냈어요. 괜찮으셨으면 좋겠네요.

distressed

심리적으로 고통스러운

동사 distress를 어원으로 보면 dis-(= apart) + stress(= draw tight, press together)로, '단단히 당겨서 짓눌러 분산시키다'의 의미이다. 정신적으로 심한 스트레스와 고통을 준다는 느낌이다. 여기서 파생된 과거분사형 형용사인 distressed는 '심리적으로 괴로워하는/고통스러워하는'의 의미로 쓰인다.

He had abruptly abandoned us. I was shocked and distressed.

그가 갑작스럽게 우리를 버리고 떠났다. 나는 충격을 받은 것은 물론 심적으로 고통스러웠다.

- **abruptly** 갑작스럽게
- **abandon** 버리고 가다

afflict

고통을 주다, 괴롭히다

어원은 af-(= to) + flict(= strike)로, '때리다'라는 의미이다. 여기에서 발전해 '괴롭히다', '고통을 주다' 등의 의미로 쓰인다.

I'm blessed to have two healthy daughters, but there are still so many families afflicted by this terrible disease.

저는 축복을 받아서 건강한 두 딸이 있죠. 하지만 아직도 너무나 많은 가정들이 이 끔찍한 병 때문에 고통을 받고 있어요.

nauseated

구역질이 나는, 메스꺼운

동사 nauseate는 feel seasick(속이 메슥거리다), vomit(토하다), cause disgust(역겹게 하다)의 의미이다. 여기서 파생된 과거분사형 형용사인 nauseated는 '구역질이 나는', '토할 것 같은', '메스꺼운' 등의 의미로 쓰이며, 명사 nausea는 '구역질, 메스꺼움' 등을 뜻한다.

Whenever I thought about this, I felt nauseated.

나는 이 생각을 할 때마다 구역질이 났다.

light-headed

현기증이 나는, 약간 어지러운, 생각이 모자라는, 경솔한

머리가 정상적인 무게를 유지하지 못하고 가벼운 상태로 움직인다는 의미이다. 보통 현기증이 난다는 의미를 나타내며, 여기서 더 나아가 '뭔가 가볍게 생각해서 경솔해지거나 생각이 모자란 행동을 하는' 때도 사용할 수 있다.

Her heart was pounding so fast she felt light-headed.

그녀는 심장이 너무 빨리 뛰어서 현기증이 날 정도였다.

• pounding 마구 뛰는

succumb

굴복하다

어원은 suc-(= under) + cumb(= lie down), 즉, '아래로 눕다'라는 의미이다. 실제로는 '무릎을 꿇다', '굴복하다' 등의 의미로 쓰인다.

She has chosen today of all days to succumb to the flu.

그녀는 그 많은 날들 중에 하필 오늘 독감에 걸렸다.

overcast

구름이 뒤덮인, 흐린

보통 '하늘에 구름이 많은'의 의미로 cloudy를 사용한다. 여기에 더해서 쓰이는 어휘가 바로 overcast이다. The sky is cloudy. 또는 The sky is overcast. 이 두 표현이 다 쓰인다. 물론 의미가 완벽하게 똑같지는 않다. 구름이 하늘을 70~80% 정도 덮고 있다면 cloudy, 90~100% 덮고 있다면 overcast의 상태라고 할 수 있다.

There's something especially lovely about an overcast day.

하늘이 거의 구름으로 뒤덮인 날에는 특별히 아름다운 뭔가가 있다.

- **lovely** 매력적인, 멋진, 아름다운

drizzle

보슬비, 가랑비

어원의 의미는 a falling of dew(이슬이 내림)이다. 이것이 실제로는 '보슬비', '가랑비' 등의 의미로 쓰인다. 동사로도 쓰여서, '보슬비가 내린다'는 It's drizzling.이라고 한다.

The rain had quieted down into an insidious drizzle.

비는 잠잠해지면서 알게 모르게 서서히 적셔오는 가랑비로 바뀌었다.

- **quiet down** 잠잠해지다
- **insidious** 서서히 퍼지는, 은밀히 퍼지는

sleety

진눈깨비가 오는

명사 sleet는 '진눈깨비'를 뜻한다. 형용사형인 sleety는 '진눈깨비가 내리는'이다. 특히 sleety rain이라고 하면 '눈이 섞여 내리는 비'라는 뜻이다.

She stepped out of the building into a gray, sleety rain.
그녀는 그 건물에서 나와 회색 빛 눈이 섞인 빗속으로 걸어 들어갔다.

scorcher

타는 듯이 더운 날

동사 scorch는 make dry, parch(마르게 하다), strip off the skin(피부를 벗기다) 등의 의미이다. 이것이 날씨에 적용되면 '햇빛이 강해서 피부를 말리며 껍질이 벗겨지게 만들다'의 의미를 갖는다. 현재분사형 형용사인 scorching은 '살이 타서 벗겨질 정도로 심하게 더운'의 뜻으로, 명사형인 scorcher는 '타는 듯이 더운 날'이라는 뜻으로 쓰인다.

"It's going to be a scorcher today," said John when I was passing him.
"오늘 엄청 덥겠어." 내가 옆으로 지나갈 때 존이 말했다.

dank

서늘하고 눅눅한

moisten(촉촉하게 하다), vapor(수증기) 등의 의미이다. 이것이 날씨를 나타내는 형용사로 쓰이면 cool(서늘한), damp(눅눅한), clammy(축축한) 등의 의미가 된다. 이런 날씨를 접하면 기분이 좋지 않다. 지하에 들어갔을 때 느껴지는 서늘하고 눅눅한 느낌도 바로 dank이다.

I emerged out of the subway into the dank morning.
나는 지하철에서 밖으로 빠져나와 서늘하고 눅눅한 느낌의 아침 공기를 맞았다.

- **emerge out of**
  밖으로 나오다, ~의 밖으로 모습을 드러내다

sweltering

숨막히게 더운

동사 swelter는 be faint with heat(더위로 인해서 기절하다), die(죽다), burn slowly(서서히 타들어가다) 등의 뜻이다. 실제로는 '살이 타들어가 죽거나 기절할 정도로 심각한 더위에 시달리다'의 의미로 쓰인다. 여기서 파생된 형용사 sweltering은 '숨막힐 정도로 더운'의 뜻이다.

The day has been sweltering, the wind is gusting.

오늘 하루가 계속 숨막혀 죽을 정도로 더웠던 데다가 갑자기 돌풍까지 몰아치고 있다.

* **gust** 갑자기 몰아치다

downpour

폭우, 호우

말 그대로 '아래로(down) 쏟아 붓다(pour)'라는 의미이다. 즉 a very heavy rain, rainstorm, torrential[pouring] rain 등으로 설명할 수 있다. 거리나 지하실을 물바다로 만드는, '양동이로 퍼붓는 듯한 비'를 뜻한다.

Turn down the volume of the television. The downpour has eased now.

TV 볼륨을 줄여라. 폭우가 잠잠해졌으니까 말이다.

* **ease** 느슨해지다

emphatic

강한, 강렬한

명사 emphasis는 '강조'라는 뜻이며 동사 emphasize는 '강조하다'이다. 형용사형인 emphatic은 '강한', '단호한', '강렬한' 등의 의미로 쓰인다.

The rain turned emphatic. I had to stay in his office much longer than I had expected.

빗줄기가 강해졌다. 나는 예상했던 것보다 훨씬 더 오랫동안 그의 사무실에 머물러 있어야 했다.

flooded

물에 잠긴

명사 flood는 '홍수'를 뜻하며, 동사로 쓰이면 '물에 잠기다', '침수시키다' 등의 의미가 된다. 그 과거분사형 형용사인 flooded는 '물에 잠긴 상태인'이다.

It had rained in the night, my shop was flooded, and a couple of subway stations closed.

밤에 비가 왔다. 내 가게는 물에 잠기고 몇몇 지하철 역은 폐쇄되었다.

crisp

(날씨가) 상쾌한, (과자가) 바삭바삭한

원래 기분 좋게 바삭바삭한 느낌을 표현할 때 사용하는 형용사이다. 과자가 바삭바삭할 때 사용하면 제격이다. 이것이 날씨에 적용되면 바삭바삭한 과자가 주는 상큼한 느낌을 그대로 살려서 '날씨가 상쾌한'의 의미를 나타낸다.

It was a crisp afternoon in midwinter.

한겨울의 상쾌한 오후였다.

cozy

편안한, 아늑한, 친근한

snug(아늑한), comfortable(편안한), warm(따뜻한)의 뜻을 나타내는 단어이다. '사람 사이의 관계가 다정하고 친숙한'의 의미도 나타낸다.

When she got to the bar, she chose a cozy table in the corner.
그 술집에 도착해서 그녀는 구석의 아늑한 테이블을 선택해서 앉았다.

serene

고요한, 평화로운

peaceful(평화로운), calm(고요한)의 의미이다. '표정이나 감정이 차분한'의 의미도 포함한다.

Her dark hair is fanned out on the pillow, and her expression is serene in sleep.
그녀의 검은 머리카락은 베개에 펼쳐져 있고, 잠든 표정은 평온하다.

- **fan out** 퍼지다
- **expression** 표정

sedate
차분한, 조용한

어원적으로는 sit, 즉 '앉아 있다'의 속뜻을 갖는다. '차분한 자세로 앉아 있다'라는 느낌을 포함한다. 여기서 파생되어 실제로는 '조용하고 차분한'의 뜻으로 쓰인다.

He said in a voice that was too boisterous for the sedate cocktail lounge.
그는 조용한 분위기의 바에서는 (방해가 될 정도로) 너무 과하게 활기찬 목소리로 말했다.

- **boisterous** 활기가 넘치는
- **cocktail lounge** 호텔의 바, 휴게실

racket
소음, 시끄러운 (음악) 소리

어원의 의미는 noise(소음), disturbance(소란)이며, 실제로도 같은 의미로 쓰인다. 시끄러운 음악 소리나 공공장소에서 소란스럽게 싸우는 소리 등을 표현할 때 흔히 사용한다.

Turn that racket off, can't you? Can't we listen to the news?
그 시끄러운 음악 소리 좀 끌 수 없니? 뉴스 좀 들으면 안 돼?

banal
따분한, 진부한

commonplace(아주 흔한), communal(공동의)의 의미이다. 아주 흔해서 누구에게서나 똑같이 발견될 수 있다는 느낌이다. 그래서 '전혀 독창적이지 못하고 뻔한', '따분한' 등의 의미로 쓰인다. 이야기 전개가 진부하고 전혀 독창적이지 못해서 하품이 날 정도일 때, 강의나 드라마, 노래, 소설 등의 주제가 전혀 창의적이지 못하고 쓰인 어휘들도 누구나 예상할 수 있는 뻔한 수준의 것들일 때 banal이라고 한다.

I found the conversation banal and him boring beyond belief.
대화는 따분하기 짝이 없었고 그는 믿을 수 없을 정도로 재미없는 사람이었다.

- **beyond belief** 믿을 수 없을 정도로

palatial
으리으리한

이 어휘의 의미는 magnificent(웅장하고 아름다운), belonging to a palace or court(궁전이나 궁궐에 속해 있는)이다. 실제로도 '궁전 같은', '으리으리한' 등의 의미를 나타낸다.

I wish I lived in a palatial apartment.
난 궁전 같은 아파트에서 살아 보면 소원이 없겠어.

cramped
방이 비좁은

명사 cramp는 '경련', '쥐'를 뜻하는데, 어원의 의미는 contract, 즉 '수축하다'이다. '경련'은 근육이 갑자기 수축되면서 일어나는 것이다. 여기에서 파생된 cramped는 '(범위가 축소되어) 한정된', '방이 비좁은' 등의 의미를 갖게 되었다.

Even if her place was small and cramped, she had spent so many nights longing for a room of her own.
비록 그녀의 집은 작고 비좁았지만, 그녀는 수없이 많은 밤들을 보내며 자기 소유의 방을 갈망해 왔다.

- **long for** 갈망하다
- **of one's own** 자기 소유의

enchanting
황홀하게 하는, 매우 매력적인, 매우 즐겁게 만드는

동사 enchant의 의미는 cast a spell over(마법을 걸다)로, 어원을 살펴보면 en-(= into) + chant(= sing)이다. 즉, '노래를 불러 마법을 걸다'라는 뜻. 그래서 '넋을 잃게 만들다, 황홀하게 만들다'의 의미로 쓰인다. 현재분사형 형용사인 enchanting은 '황홀하게 만드는', '매우 매력적인' 등의 뜻을 나타낸다.

It is a picturesque village. It is surrounded by a spectacular and enchanting landscape.
그곳은 그림 같은 마을이다. 그 마을은 최강의 황홀한 풍경으로 둘러싸여 있다.

- **picturesque** 그림 같은, 고풍스러운
- **spectacular** 최고의, 매우 훌륭한

opulent

매우 부유한, 질적으로 매우 뛰어난, 화려한

wealthy(부유한), splendid(훌륭한), noble(웅장한)의 뜻이다. '부유함이 묻어나는 웅장하고 멋진'의 느낌이다. '부유한', '화려한' 등의 의미는 물론 '질적으로 압도적으로 좋은'의 뜻까지 포함한다.

I arrived at the Broadway Theatre in plenty of time. I looked around at the magnificent theater, admiring the grand chandelier in the opulent lobby.

나는 시간적으로 넉넉하게 브로드웨이 극장에 도착했다. 나는 거대한 극장을 둘러보며 화려하고 고급스럽게 치장된 로비에 걸린 웅장한 샹들리에에 감탄했다.

• **admire** 감탄하며 바라보다

sumptuous

호화로운, 진수성찬의

costly(많은 비용이 드는), lavish(호화로운), wasteful(낭비하는)의 뜻이다. '낭비라고 생각될 정도로 비싸고 호화스러운'의 느낌인데, 실제로는 '가구가 화려하게 잘 비치된', '호화로운', '비싸고 맛있는 요리로 잘 차려진' 등의 의미로 쓰인다.

She walked into the sumptuous bedroom.

그녀는 호화로운 가구가 잘 비치된 침실로 걸어 들어갔다.

gruesome

소름 끼치는, 섬뜩한

어근에 해당되는 grue-는 feel horror(공포를 느끼다), shudder(몸을 떨다)를 뜻한다. 여기에 형용사를 만들어 주는 어미 -some이 붙어서 '공포를 조성하는', '소름 끼치게 만드는', '섬뜩한' 등의 의미를 갖는다.

He laughed. He also kept coughing. The combination was fairly gruesome.

그는 소리 내어 웃었다. 게다가 계속 기침을 했다. 이 웃음과 기침의 조합은 정말 소름 끼쳤다.

• **fairly** 상당히

suspicious

의심스러운, 수상쩍은

어원의 의미는 exciting suspicion(의혹을 자극하는), causing mistrust(불신을 유발하는)이다. 그래서 '의심을 불러일으키는', '수상쩍은' 등의 의미로 쓰인다. 명사 suspicion은 '불신', '혐의', '의혹'의 뜻을 나타낸다.

I'll keep my eyes and ears open and let you know if anything looks suspicious.

제가 눈과 귀를 열고 계속 지켜보다가 뭔가 의심스러워 보이는 일이 생기면 바로 알려드리겠습니다.

palpable

뚜렷한, 감지할 수 있는

기본 의미는 touch gently(부드럽게 만지다)이다. 실제로 쓰일 때는 '부드럽게 만져지는 듯한'의 의미에서 파생되어 '감지되는', '(애매한 게 아니라) 자연스레 느껴질 정도로 분명한' 등의 의미로 쓴다.

Her outrage was so palpable.

그녀가 몹시 화났다는 사실은 충분히 감지되었다.

- **outrage** 격분, 격노

imminent

임박한

어원으로 보면 im-(= in) + minent(= jut out, overhang), 즉 '안에서 밖으로 돌출하다'라는 의미이다. 여기에서 발전해 '뭔가 밖으로 쑥 튀어나와 금방이라도 나와 부딪힐 것 같은' 느낌을 나타내 '어떤 일이 곧 벌어질 듯한', '임박한' 등의 의미로 쓰인다.

He was filled with a sense of imminent danger. He had learned long ago to trust his instincts.

그는 위험이 임박했다는 느낌에 사로잡혔다. 그는 오래전부터 자신의 직감을 믿어왔다.

- **instinct** 본능, 직감

stilted

자연스럽지 않은, 말이나 글이 부자연스러울 정도로 격식 있는

명사 stilt는 '죽마(竹馬)'를 의미한다. 죽마에 올라탄 상태로(on stilts) 걷는 모습을 상상하면 그 모습이 얼마나 부자연스럽고 어색한지를 느낄 수 있다. 분위기나 상황이 왠지 어색한 경우, 또는 말이나 글이 상황에 맞지 않게 부자연스러운 형식을 갖추고 있을 때 사용할 수 있는 어휘이다.

Why does this feel so stilted tonight?

오늘 밤 이 부자연스러운 분위기 도대체 무슨 일이야?

lopsided

한쪽으로 기울어진, 비뚤어진, 일방적인

이 어휘의 어원은 lapsided였는데, 'o'가 아니라 'a'였으며 '배가 한쪽으로 기울어진'이라는 의미였다. 여기서 '양쪽의 균형이 맞지 않아서 한쪽으로 치우친'의 뜻을 갖게 되었으며, 승부의 세계에서 한쪽의 실력이 월등하여 일방적인 결과로 치우친 경우에도 쓰인다. 그럴 때는 '일방적인'의 의미가 강하다. 인상을 쓰거나 미소를 지을 때 얼굴의 좌우 균형이 어긋나면 그것 또한 lopsided 상태라고 말한다.

The results in parliamentary elections gave a lopsided victory to the ruling party.

국회의원 선거의 결과는 여당의 일방적인 승리였다.

- **parliamentary election**
  국회의원 선거, 총선
- **ruling party** 집권당, 여당

indispensable

없어서는 안 될

동사 dispense를 어원으로 보면 dis-(= out) + pense(= draw), 즉 '밖으로 당겨 빼다'의 의미이다. 여기서 발전해 '내놓다', '나누어 주다' 등의 의미로 쓰인다. 형용사 dispensable은 '없어도 되는', '불필요한' 등의 의미로 확장된다. 남에게 내놓거나 나누어 줄 수 있다는 것은 내게 반드시 필요한 것이 아니기 때문일 수도 있다는 것이다. 여기에 '부정'을 의미하는 접두어 in-이 연결되어 indispensable이 되면 '없어서는 안 될', '꼭 필요한' 등의 뜻이다.

She has made herself indispensable to him.

그녀는 자신을 그에게 반드시 필요한 사람으로 만들었다.

pivotal

매우 중요한

명사 pivot은 '회전하는 물체의 균형을 잡아 주는 중심축'을 뜻한다. 그래서 형용사인 pivotal의 기본 의미는 '어떤 주제나 문제의 중심이 되는'이며, 그래서 '매우 중요한'의 뜻으로 흔히 쓰인다.

This was a pivotal moment, but I wasn't prepared for it. Never saw it coming.

이건 매우 중요한 순간이었지만, 나는 준비가 되어 있지 않았다. 이런 순간이 올 줄은 전혀 예상하지도 못했다.

substantial

양이 상당한, 크기나 숫자가 큰

어원으로 분석하면 sub-(= under) + stant (= stand), 즉 '아래에서 단단히 지탱하다'의 의미이다. 그래서 '단단히 지은', '크고 튼튼한' 등의 의미로 쓰인다. 여기에 더해 '매우 중요한', '양이나 가치 또는 크기가 상당한' 등의 의미도 포함한다.

There will be a substantial raise.

상당한 급여 인상이 있을 겁니다.

unblemished

흠잡을 데 없는

동사 blemish의 기본 의미는 stain(얼룩지게 하다), discolor(변색시키다), injure(상처를 주다) 등이다. 이런 의미를 바탕으로 '깨끗한 것에 손을 대서 얼룩지고 변색시키듯이 상처를 주고 흠집을 내다'의 뜻으로 쓰인다. 여기에 not을 의미하는 접두어 un-이 연결돼 과거분사형 형용사인 unblemished가 되면 '흠집이 전혀 없는', '흠잡을 데 없는' 등의 뜻을 나타낸다.

Their unblemished friendship over so many years was a marvel.

그렇게 오랜 세월동안 유지되어온 그들의 흠잡을 데 없는 우정은 그저 경이로울 뿐이었다.

• marvel 경이로움

devoid

전혀 없는, 완전히 비어 있는

어원으로 보면 de-(= out) + void(= empty), 즉 '완전히 텅 빈'의 의미이다. 실제로도 '아무것도 없이 텅 빈', '~이 전혀 없는' 등의 의미로 쓰인다. 물리적으로 텅 빈 것뿐 아니라 어떤 상태가 전혀 느껴지지 않을 때도 쓸 수 있다.

Everything was still, so wonderfully devoid of the bustle and noise of everyday life.

모든 게 고요했다. 정말 놀라울 정도로 일상의 북적거림과 소음조차 전혀 없는 상태였다.

- **still** 고요한, 정지된
- **bustle** 북적거림, 부산스러움

deserted

사람이 없는 상태인

동사 desert의 기본 의미는 leave(떠나다), abandon(버리고 가 버리다)이다. 과거분사형 형용사인 deserted는 '사람들이 모두 버리고 떠난 상태인', '사람이 없는' 등의 의미로 쓰인다.

The village street was deserted, silent in the last sunshine.

마을의 거리는 사람이 하나도 없이 조용했고 마지막 남은 여린 햇살이 비치고 있었다.

tenuous

보잘것없는, 미약한

thin, 즉 '얇고 가는'의 의미를 나타낸다. 물리적으로 얇고 가는 것을 말할 때도 쓰지만 은유적인 의미로 흔히 쓰인다. '중요도가 많이 떨어지는', '논리가 부족한', '아이디어에 핵심이 없는' 등의 느낌이다. 그래서 '미약하거나 특별히 주목을 받을 것이 없는 상태인'을 말한다.

I do have one tenuous connection with my noble forebears. They were diarists.

나는 한 가지 미약하지만 우리 고귀한 조상들과 연결되는 게 있다. 그들도 (나처럼) 일기를 꼬박꼬박 쓰는 분들이었다.

- **noble** 고귀한
- **forebear** 선조, 조상
- **diarist** 일기를 쓰는 사람, 일기 작가

legitimate

정당한, 타당한

make lawful(합법적으로 만들다)의 의미를 지니는 어휘로, '합법적인, 적법한' 등의 뜻으로 쓰인다. 여기에 더해 '합법적이라고 할 정도로 정당하고 타당한'의 의미도 표현한다.

At first I believed there was a legitimate reason for her indifference.

처음에 나는 그녀의 무관심에는 정당한 이유가 있다고 믿었어.

- • **indifference** 무관심

ineffable

형언할 수 없는, 말로 표현할 수 없을 정도의

어원은 in-(= not) + effable(= speakable)로, '말할 수 없는', '말로 표현하기에 적절치 않은' 등의 뜻을 나타낸다. 실제로도 '그 아름다움이 말로 표현할 수 없는', '감동을 말로 전할 수 없는', '너무 끔찍해서 말로 다할 수 없는' 등의 의미로 쓰인다. 좋거나 나쁜 상황에서 다 사용할 수 있다.

I can't explain his amazing sense of timing, the ineffable acumen.

나는 그의 놀라운 타이밍 감각, 그리고 뭐라고 형언할 수 없는 그의 탁월한 비즈니스 감각을 설명할 길이 없어.

- • **acumen** 일에 대한 뛰어난 감각

yellowed

노랗게 변한 상태인

우리에게는 yellow가 명사와 형용사로만 익숙하지만, 동사로는 '노래지다', '노랗게 만들다' 등의 뜻을 나타낸다. 과거분사형 형용사인 yellowed는 '노래진 상태인, 시간이 흘러서 노랗게 변한'의 뜻이다.

The white edges of the photo were yellowed. It was an old print.

그 사진의 희었던 모서리는 노랗게 변해 있었다. 오래된 사진이었다.

- • **edge** 모서리
- • **print** 필름을 인화한 사진

fraught

나쁜 것들로 가득 찬 상태인

보통 be fraught with ~의 형태로 쓰이며 뭔가로 가득 찬 상태를 말하는데, 좋은 것이 아니라 '나쁜 것으로 가득 찬' 것을 의미한다. '화물(freight)'에서 파생된 어휘이며 '화물을 적재한 상태인'이 속뜻이다. 화물에는 온갖 잡다한 것들이 들어 있다는 점에서 '나쁜 것들로 가득한'의 의미로 확장, 고정된 것이다. with ~ 없이 fraught만으로 문장이 마무리되면 '둘, 또는 그 이상의 관계가 스트레스와 걱정, 문제들로 가득해서 좋지 않은 상태인'의 의미를 나타낸다.

The decision was fraught with peril and the realistic likelihood of failure.

그 결정에는 위험, 그리고 현실적으로 실패할 가능성이 농후했다.

- **peril** 위험
- **realistic likelihood** 현실적인 가능성

accurate

정확한

어원은 ac-(= to) + curate(= take care)로, '뭔가를 조심스럽게 처리하다'라는 뜻이다. 그래서 빈틈없이 매우 정확하고 사실에 맞는'의 뜻으로 쓰인다.

I want you to go over the bills, match them to the receipts, and be sure they're accurate.

청구서들을 잘 살펴서 영수증과 맞춰 보고 정확히 맞는지 제대로 확인 부탁해요.

- **go over** 검토하다, 거듭 살피다
- **bill** 청구서

rewarding

보람 있는

명사 reward는 '보상'이라는 의미이다. 선한 행위 뒤에 따르는 가장 크고 진정한 보상은 '기쁨', 또는 '만족'이다. 달리 말하면 '보람'이라고 할 수 있다. 그래서 reward의 형용사형인 rewarding은 '보람 있는'의 의미를 담고 있다.

I always like to know something beforehand. It makes the experience much more rewarding.

나는 항상 뭔가를 하기 전에 미리 그것에 대해서 알고자 한다. 그렇게 해야 그 경험이 훨씬 더 보람 있는 경험이 된다.

- **beforehand** 사전에, 미리

inconspicuous

눈에 잘 띄지 않는

형용사 conspicuous의 어원은 con-(= 강조) + spicuous(= look at)로, '뭔가를 확실하게 보다'라는 의미이다. 그래서 '눈에 잘 띄는', '뚜렷한' 등의 의미이다. 여기에 not을 의미하는 접두어 in-이 붙어서 inconspicuous가 되면 '눈에 잘 안 띄는'이 된다.

They were dressed casually, but it was difficult to remain inconspicuous.

그들은 옷을 캐주얼하게 입었지만, 그렇다고 남의 눈에 띄지 않을 수는 없었다.

magnet

사람을 끄는 장소

lodestone, 즉 '자석 돌'이라는 의미이다. 자석은 끌어당기는 힘이 있다. 그래서 '다른 사람들을 끌어당기는 사람', '사람을 매료시켜서 끌어당기는 물건이나 장소' 등을 가리켜서 magnet이라고 말한다.

The village is a magnet for tourists from all over the world.

그 마을에는 전 세계 여행객들이 몰려든다.

permitted

허락된, 허락된 상태인

동사 permit의 어원은 per-(= forward) + mit(= let go, send)로, '보내다', '허락하다' 등의 뜻이다. 실제로도 '허락하다'의 의미로 쓰인다. 여기서 파생된 과거분사형 형용사인 permitted는 '어떤 행위가 허락된', '허락을 받은 상태인' 등의 뜻을 나타낸다.

I'm not permitted to write prescriptions. I have no license to practice in this country.

나는 법적으로 처방전을 쓸 수가 없어요. 나는 이 나라에서 개업할 수 있는 면허가 없다고요.

- **prescription** 처방전
- **practice** 개업하다

drafty

외풍이 있는, 찬 바람이 들어오는

명사 draft는 current of air, 즉, '공기의 흐름', '기류' 등의 의미로, draught로 쓰기도 한다. 이것이 흔히 '방 안에 흐르는 한 줄기 바람'이 되어 '찬 바람', 또는 '외풍'의 의미로 쓰인다. 여기에서 파생된 형용사 drafty는 '외풍이 부는', '방이나 작은 공간에 찬 바람이 들어오는' 등의 뜻이다.

The room is bleak and drafty.
그 방은 음산하고 외풍이 있어.

- bleak 음산한

conducive

~에 좋은, ~에 이로운

동사 conduce에는 con-(= together) + duce (= lead), 즉 '함께 이끌다'라는 속뜻이 있다. 여기서 발전해 '어떤 좋은 결과로 이끌다', '이바지하다' 등의 의미로 쓰인다. 형용사 conducive는 전치사 to와 함께 쓰여서 '~에 좋은/도움이 되는'의 뜻이다.

You should remember that a positive attitude is conducive to good health.
긍정적인 태도가 결국 건강에 이롭다는 사실을 기억해야 해.

- positive attitude 긍정적인 태도나 사고

solid

탄탄한, 확실한

firm(견고한), dense(밀집도가 높은), undivided (분리되지 않는) 등의 의미이다. '단단한 고체'를 의미하기도 하며 추상적인 상황에서 사용하면 '믿을 만한', '견고한', '확실한' 등의 뜻도 나타낸다.

They have a high success rate, a solid reputation.
성공률이 아주 높고 명성이 탄탄한 곳이야.

- success rate 성공률

definitive

확고한, 분명한

어원은 de-(= completely) + finitive(= bound, limit)로, '분명히 한계와 경계가 그어진'이라는 의미이다. 여기서 발전해 '분명한', '확정적인', '최종적인' 등의 의미로 쓰인다.

His initial reaction was to decline not with a mere No, but with a definitive Hell, no.

그의 처음 반응은 단순히 '아니야'라는 거절이 아니라 단호하고 확고한 '절대로, 아니야'였다.

- **initial** 처음의
- **decline** 거절하다
- **mere** 단순한

rosy

장밋빛의, 희망적인

기본 의미는 '장밋빛의'이다. '장미'는 '희망'의 상징이기도 하므로 '얼굴이 장밋빛을 띠어 건강이 좋은', '낙천적인', '운이 좋은', 그리고 '희망적인'으로까지 뜻이 확장된다.

The reality may not be as rosy as it seems in theory.

현실은 이론적으로 보이는 것처럼 희망적이지 않을 수도 있어.

crucial

절대적으로 중요한

어근에 해당되는 cruc-는 cross, 즉 '십자가'라는 의미이다. '십자가가 지고 있는 죽느냐 사느냐의 문제', '성공에 필수적인 요소' 등의 느낌을 담고 있다. 그래서 '절대적으로 중요한', '결정적인' 등의 의미로 쓰인다.

Time makes a crucial difference when you are dealing with it.

그 문제를 처리할 때는 시간이 결정적인 영향을 준다.

- **make a difference** 영향을 주다
- **deal with** 다루다, 처리하다

lame

변변치 않은, 설득력 없는

weak-limbed(다리가 약한), broken(고장난)의 뜻이다. '다리를 저는', '절뚝거리는' 등의 의미로 쓰이고, 더 나아가 '설득력 없는', '보잘것없는', '변변치 않은' 등의 뜻도 표현한다.

She was the only one who laughed at his lame joke.

그녀만 유일하게 그의 별 볼 일 없는 농담에 웃음을 터뜨렸다.

moist

촉촉한

wet(젖은), moldy(곰팡내 나는), musty(퀴퀴한 냄새가 나는) 등의 의미이다. '젖은 상태에서 시간이 흘러 퀴퀴한 냄새가 나는' 정도의 느낌인데, 실제로는 부정적인 의미 없이 '젖은 상태의', '촉촉한' 등의 뜻으로 쓰인다.

My hands were moist with sweat.

내 손은 땀으로 젖어 있었다.

toxic

정신적으로 해로운, 안정을 찾을 수 없을 정도로 나쁜

poisoned(유독 물질로 오염된)의 뜻이다. 그래서 '유독성의'라는 의미로 쓰이며, 여기서 발전해 '어떤 환경이나 특정한 분위기가 정신적으로 독이 되는' 정도의 느낌을 포함한다.

The atmosphere was so toxic that I couldn't stand working in the office.

사무실 분위기가 너무 험악해서 나는 사무실 안에서 도저히 일을 할 수가 없었다.

• **atmosphere** 분위기

egregious

지독하게 나쁜

어원은 e-(= out of)+gregious(= a herd, flock), 즉, '무리에서 밖으로 빠져나온'이다. 혼자 밖으로 빠져나왔으니, 남아 있는 무리와 특별히 구별될 수밖에 없다. '다른 것들보다 질이 월등히 나쁜', '죄질이 아주 안 좋은' 등의 부정적인 의미로 쓰인다.

They have committed egregious sins to succeed.

그들은 성공하기 위해서 말로 표현할 수 없을 정도의 엄청난 죄들을 저질렀다.

unsteady

불안정한

형용사 steady는 물리적으로는 '단단히 고정된', '흔들림 없는' 등의 의미이며 추상적으로는 '안정된', '꾸준한', '한결같은' 등의 의미를 나타낸다. 여기에 not의 의미인 접두어 un-이 연결되어 unsteady가 되면 물리적으로는 '고정되지 않은', '휘청거리는', 추상적으로는 '불안정한'의 뜻으로 쓰인다.

On the financial front, things were unsteady but not altogether bleak.

재정적인 면에서 보면 상황이 불안정하기는 하지만 완전히 절망적인 상태는 아니었다.

- **front** 영역, 면
- **bleak** 암울한, 절망적인

inviolable

불가침의, 어길 수 없는

어원적으로는 in-(= not) + viola(= break) + able, 즉, '깨뜨릴 수 없는'의 뜻이다. 여기서 발전해 '진행되어 오던 일을 멈출 수 없는', '침범할 수 없는' 등의 의미로 쓰인다.

The rights to be free from sexual abuse and verbal abuse must be inviolable.

성폭력과 언어폭력으로부터 자유로울 권리는 절대적으로 불가침이어야 한다.

dented

움푹 들어간, 찌그러진 상태의

동사 dent는 beat with blows, 즉 '손이나 손으로 사용하는 무기로 세게 계속 때리다'의 뜻이다. 실제로는 '세게 쳐서 움푹 들어가게 만들다', '세게 쳐서 찌그러뜨리다' 등의 의미로 쓰인다. 여기에서 파생된 과거분사형 형용사 dented는 '세게 부딪혀서 움푹 들어간', '세게 맞아서 찌그러진', 또는 추상적인 의미로 '명성에/정신적으로 타격을 받은' 등의 뜻이 된다.

The car was dented along the fender and underlined in rust.

그 자동차는 펜더 부분이 쭉 찌그러져 있었고 아래쪽에 줄이 가서 녹슨 상태였다.

- **fender** 자동차 바퀴를 덮고 있는 윗부분
- **underlined** 아래쪽에 줄이 간 상태인
- **in rust** 녹슨 상태로

fierce

격렬한, 사나운

strong(강한), violent(폭력적인), wild(거친)라는 의미에서 발전해 '사나운', '격렬한' 등의 의미로 쓰인다. 좋지 않은 의미로 한정된 것은 아니고 긍정적인 의미의 '강력한'으로 이해할 수도 있다.

She pulled him into a fierce hug.

그녀는 그를 당겨 격렬하게 포옹했다.

battered

낡은, 심하게 다친

동사 batter는 beat, strike(세게 때리다)라는 뜻이다. 그래서 '구타하다, 때리다'의 의미로 흔히 쓰인다. 여기에서 파생된 과거분사형 형용사인 battered는 '오랫동안 공격을 당한 듯이 낡은', '닳은' 등의 의미를 전한다.

He went to the battered car and wrenched the door open.

그는 여기저기 다치고 낡은, 오래된 자동차로 가서 문을 확 비틀어 열었다.

- **wrench** 확 비틀다

ancient
아주 오래된, 나이가 많은, 고대의

우리에겐 '고대의'의 의미로 익숙한 어휘이다. '고대'란 '아주 오래전'을 뜻하므로 '아주 오래된'의 의미로도 쓰이며, 사람에게 쓰면 '나이가 아주 많은'의 의미를 나타낼 수 있다.

This section of the track is ancient, beset with signaling problems.
선로의 이 부분은 아주 오래되어서 낡았고 신호 전송 문제가 끊이지 않는 상태이다.

intriguing
매우 흥미로운

동사 intrigue에는 plot(음모를 꾸미다), perplex, embarrass(당혹하게 하다)의 속뜻이 있다. 실제로는 '음모를 꾸미다', '전혀 예상하지 못해서 심지어 당혹스럽게 만들 정도의 흥미를 불러일으키다' 등의 의미로 쓰인다. 여기에서 파생된 현재분사형 형용사 intriguing은 '매우 흥미로운', '흥미를 자극하는' 등의 뜻을 지닌다.

He's one of that city's top ten most intriguing people.
그는 그 도시에서 가장 흥미로운 10인 중의 한 사람이다.

rigid
굳은, 얼어 버린

물리적으로 잘 휘지 않는 '단단한' 상태를 가리키는 어휘이다. 이 뜻이 발전해 '생각이나 사고가 유연하지 않고 매우 엄격한', '융통성 없는' 등의 추상적 의미로도 자주 쓰인다.

When he saw the photo, his entire body went rigid.
그 사진을 봤을 때 그의 온몸은 얼어붙었다.

airy-fairy

애매한, 비현실적인

형용사 airy는 '공중에 떠 있는', '공기처럼 실체가 없는' 등의 의미에서 발전해 '공허한', '비현실적인'의 뜻을 표현한다. 명사 fairy는 '동화 속 요정'의 의미이며 현실과는 무관하다. 따라서 fairy tale이라고 하면 '동화', 또는 '거짓말'의 의미로 쓰인다. 두 단어가 합해진 형용사 airy-fairy는 '실체가 없어서 애매한', '현실적이지 못해서 공허한', '비현실적인' 등의 뜻이다.

Nobody believed that the airy-fairy company could survive.

그 누구도 그 비현실적이고 애매하기 짝이 없는 회사가 생존해 버틸 수 있을 것이라고 생각하지 못 했다.

redeeming

단점을 보충하는

동사 redeem의 어원은 re-(= back) + deem (= take, buy)으로, '다시 가져오다', '다시 사 오다' 등의 의미이다. 이것이 실제로는 '단점이나 결함을 보완 또는 벌충하다', '실수를 만회하다' 등의 의미로 쓰인다. 여기에서 파생된 현재분사형 형용사인 redeeming은 '단점을 보완 또는 보충하는'의 뜻을 나타낸다.

You told me that the building had one redeeming feature. What is it?

네가 그랬지. 그 건물은 단점을 보완할 만한 한 가지 특징이 있다고. 그게 뭔데?

fickle

매우 변덕스러운

deceive(속이다), blemish(흠집을 내다), perplex (당혹하게 하다)의 의미이다. 여기서 발전해 '제대로 믿을 수 없이 이랬다저랬다 하는', '변덕스러운' 등의 의미로 쓰인다.

March is such a fickle month.

3월은 날씨가 매우 변덕스러운 달이다.

disturbing

속상하게 하는, 걱정시키는

어원은 dis-(= completely) + turbing(= disorder)이
다. 즉, '완전히 어수선하고 엉망인 상태로 만드
는'의 뜻이다. 그래서 '속상하고 불편하게 만드
는', '불안한 상태로 만드는', '신경 쓰이게 만드는'
등의 의미로 쓰인다.

They served only instant coffee. As
a coffee lover, I found this deeply
disturbing, but I drank it and didn't
complain.

그들은 인스턴트 커피만 팔았다. 커피를 매우
좋아하는 사람으로서 이건 정말 안타깝기 짝이 없는
상황이었지만, 나는 그냥 마셨고 불평도 하지 않았다.

flabbergasting

깜짝 놀랄 만한, 충격으로 할 말을 잃게 만드는

어원이 정확하지 않은 현재분사형 형용사이다.
대단한 충격으로 할 말을 잃게(speechless) 만든
다는 의미이다. 좋든 나쁘든 상관없이 충격을 주
는 일이나 사람을 가리켜 사용한다. 과거분사형
형용사인 flabbergasted는 '심하게 충격을 받아
서 할 말을 잃은'의 의미로 쓰인다.

I'm speechless. The resemblance
is positively flabbergasting.

정말 말문이 막히네요. 두 분이 정말 놀랍도록
닮으셨습니다. 긍정적으로 말씀드리는 겁니다.

- **resemblance** 닮음
- **positively** 긍정적으로, 좋은 뜻으로

mind-boggling

상상할 수도 없는, 매우 놀라운

명사 mind는 '생각'이며 동사 boggle은 hesitate,
즉 '망설이다', '주춤하다'라는 뜻이다. 이 두 단어
가 합해진 형용사 mind-boggling은 '생각을 주
춤하게 만드는', '제대로 생각할 수 없게 만드는'
등의 어원적 의미를 포함하며, 실제로는 '상상할
수도 없는', '일반적이지 않아서 놀라움을 자아내
는'의 뜻으로 쓰인다.

It's a mind-boggling fact that he has
become a professor at the age of 27.

그가 27세의 나이에 교수가 되었다는 건 정말
상상할 수도 없는 일이다.

mesmerizing

완전히 넋을 빼놓는

동사 mesmerize는 '최면에 걸린 듯하게 사람의 마음과 관심을 빼앗아가다'라는 의미이다. 18세기 독일의 내과 의사였던 Franz Mesmer의 이름에서 따온 어휘이다. 그는 사람이나 사물은 모두 강력한 자력(magnetic force)에 의해서 하나로 모아진다고 믿었다. 이것을 나중에 mesmerism, 즉 '최면 상태'라고 명했다. 여기에서 파생된 현재 분사형 어휘 mesmerizing은 '최면에 걸린 듯 넋을 잃게 만드는'의 뜻을 갖게 되었다.

It's mesmerizing watching someone who's good at what they do.

자기가 하는 일에 능숙한 사람을 지켜보고 있노라면 정말 넋이 나갈 정도로 황홀하다.

decent

제대로 된

형용사 decent의 기본적인 의미는 fitting, proper, suitable(적절한, 적당한)이다. 여기서 발전해 '괜찮은', '제대로 된', '품위 있는' 등의 의미로 쓰인다. '태도', '수준', '질', 또는 '상황'에 대해 모두 쓸 수 있다.

I've had a decent cup of coffee.

나는 커피다운 제대로 된 커피를 마셨다.

collision

충돌

동사 collide는 col-(= with, together) + lide
(= strike), 즉 '함께 부딪치다'라는 의미인데 보통
'충돌하다'로 이해한다. 그 명사형이 collision(충
돌)이며, 특히 head-on collision은 '정면충돌'을
의미한다.

She had a car accident on the way
to meet me. A head-on collision.

그녀는 나를 만나러 오는 중에 자동차 사고를
당했다. 정면충돌이었다.

- **head-on** 정면으로 부딪힌

crack

자동차의 창문을 살짝 열다

일반적으로는 '갈라지다', '깨뜨리다', '금이 가다'
등의 의미로 통하지만, 자동차의 창문을 살짝 열
어서 틈을 만들면 그게 '갈라지다', '금이 가다'의
느낌을 준다 해서 '자동차의 창문을 살짝 열다'라
는 의미로도 사용할 수 있다.

In the cab, I cracked my window
to get some air.

택시 안에서 나는 창문을 살짝 열어 바깥 공기가
들어오게 했다.

squeal
끼익 소리를 내다, 비명을 지르다

cry out(비명을 지르다)의 의미이다. 실제로도 '꺄악 하는 비명 같은 소리를 내다'라는 뜻으로 쓰이며, 사람 소리뿐 아니라 자동차가 급정거할 때 '끼익' 하는 소리를 내는 경우에도 사용한다.

A truck's brakes squealed, deafening him to her words.
트럭의 끼익 하는 브레이크 소리 때문에 그는 그녀가 하는 말을 듣지 못했다.

- deafen
  심한 소음으로 귀를 먹먹하게 만들다

ignition
차량의 점화 장치

동사 ignite는 set on fire(불을 지르다)의 의미이다. 실제로도 '불을 붙이다', '점화하다' 등의 의미로 흔히 사용한다. 그 명사형이 ignition이며, 자동차의 시동을 걸 때 사용하는 '점화 장치'를 의미한다.

He turned off the engine but left the keys in the ignition.
그는 엔진을 껐지만 자동차 열쇠를 점화 장치에 그대로 꽂아 두었다.

back
후진하다

명사, 형용사, 부사, 그리고 동사로도 쓰이는 어휘이다. 그중에 동사로 쓰이면 '뒤로 물러서다', '뒤에서 밀어주다(후원하다)', 그리고 '자동차를 후진하다'의 뜻으로 자주 쓰인다.

Could you back the car out of the garage? I'm not sure I can handle a stick shift in reverse.
차를 차고에서 후진으로 좀 빼 주실 수 있을까요? 제가 스틱 자동차를 후진으로 뺄 자신이 없어서요.

- in reverse 후진으로

flasher

차량의 점멸등, 깜빡이

동사 flash는 '불빛으로 신호를 보내다'의 의미이다. 여기에서 파생된 명사 flasher는 '불빛으로 신호를 보내는 장치', 즉 '점멸등'을 의미하며 우리가 구어에서 흔히 말하는 '깜빡이'를 뜻한다.

I pulled into the bus lane and switched my flashers on.
나는 버스 차선에 차를 대고 깜빡이를 켰다.

● pull into ～ 안에 차를 대다

detour

우회로

어원을 살펴보면 de-(= aside) + tour(= turn)로, '옆으로 돌다'라는 의미이다. 그래서 '우회로'로 해석하게 된다. 동사로도 쓰여 '우회하다'의 의미를 나타낸다.

I had the driver take the detour down this back road.
나는 기사에게 뒷길로 우회해서 가 달라고 부탁했다.

* 사역동사 have는 '부탁해서 ～하도록 하다'의 의미이다.

cruise

자동차를 천천히 몰다

명사 cruise는 '유람선 여행'을 의미한다. 동사로 쓰이면 '특별한 목적 없이 편안히 항해하다'라는 뜻이 되며, 여기서 발전해 '특별한 목적지 없이 느긋하고 여유롭게 차를 몰며 여기저기 구경하다', '차를 천천히 여유롭게 몰다', '차의 속도를 줄이다' 등의 의미를 나타낸다.

She cruised to a stop at a red traffic light.
그녀는 빨간 신호등에서 천천히 멈추어 섰다.

crawl

기어가다, 기다

아이들이 걷기 전에 기어 다니거나 뭔가를 찾기 위해서 바닥을 기면서 두리번거리는 경우에 사용할 수 있다. 여기서 더 나아가 자동차들이 느린 속도로 '기어간다'라고 말할 때도 쓸 수 있다.

Traffic crawls. No one seems to be in a hurry.
차들이 다 기어간다. 아무도 급한 사람이 없는 듯하다.

inch

조금씩 서서히 움직이다

명사 inch는 2.54센티미터에 해당한다. 그래서 '약간', '조금' 등의 적은 양을 말할 때 사용한다. by an inch라고 하면 '1인치 차이로', '아슬아슬하게'라는 의미이다. 이것이 동사로 쓰이면 '조금씩 움직이다', '서서히 움직이다'의 뜻이다.

I'm in a cab which is inching through traffic. It's taking forever.
나 지금 택시 안인데, 택시가 아주 기어가네. 이러다가 하루 종일 걸리겠어.

veer

방향을 바꾸다

어원의 의미는 turn, 즉 '돌다', '방향을 바꾸며 돌다'이다. 실제로도 '방향을 바꾸다'의 의미로 쓰인다. 원래 '바람에 의해서 배의 진행 방향이 바뀌다'에서 출발한 어휘이다.

A coal truck, overweight and speeding, veered across the center line and ran over that little car.
석탄을 실은 트럭 한 대가 중량 초과에 과속인 상태에서 방향을 틀어 중앙선을 넘어서며 그 작은 승용차를 덮쳤다.

enforcement

집행, 단속

동사 enforce는 make something happen, 즉 '어떤 일이 일어나게 하다', '힘을 행사하다' 등의 뜻이며, '실행하다', '법을 집행하다' 등의 의미로 쓰인다. 명사형인 enforcement는 '법의 집행', '단속' 등을 뜻한다.

I'm a constable. Do primarily traffic enforcement.

저는 순경입니다. 주로 교통 단속을 합니다.

- **constable** (영국) 순경
- **primarily** 주로

dense

빽빽한, 밀도가 높은

기본 의미는 thick, crowded, hairy, difficult to penetrate, 즉 '뭔가 두툼하게 가득 차 있어서 뚫고 들어가기 힘든'이다. 그래서 '밀집한', '짙은', '빽빽한' 등의 의미로 쓰인다. '우거진 숲(dense woods)', '짙은 안개(dense fog)', '혼잡한 교통(dense traffic)' 등을 표현할 때 빈번히 쓰는 어휘이다.

It was barely past seven, but the traffic was already dense and slow.

시간은 겨우 7시 조금 넘었는데 교통은 이미 혼잡해서 차량들의 움직임이 둔해진 상태였다.

- **barely** 겨우, 가까스로

apply

적용하다, 쓰다

어원적으로는 ap-(= to) + ply(= fold), 즉 '접다'의 속뜻을 갖는다. 여기서 발전해 attach(붙이다), connect(연결시키다)의 뜻까지 표현한다. 실제로는 '적용하다', '바르다', 그리고 '신청하다' 등의 의미를 나타낸다.

He lifted his foot from the brake pedal and applied it to the accelerator.

그는 발을 브레이크 페달에서 떼어 올려서 액셀러레이터를 밟았다.

bang

쾅 하고 때리다

기본 의미는 pound(요란하게 두드리다), hammer (뭔가를 쾅쾅 치다)이다. 그래서 He banged on his car horn.(그는 자동차 경적을 쾅 쳤다)에서처럼 '쾅 소리를 내며 뭔가를 세게 때리다' 또는 '뭔가에 세게 부딪히다'의 의미로 쓰인다.

She jumped at the sound of his voice, banging her head on the bottom of the desk.
"Ouch!"
She sat up, rubbing her head.

그녀는 그의 목소리를 듣고 벌떡 일어나며 머리를 책상 아래에 세게 부딪혔다.
"아야!"
그녀는 머리를 문지르며 똑바로 앉았다.

weave

누비며 가다, 이리저리 빠져나가다

원래는 '직물을 짜다'라는 의미로, '실을 이리저리 꼬아서 엮어 만든다'는 느낌을 포함한다. 이 뜻이 발전해 '이야기를 이리저리 엮어 낸다'든지 자동차나 자전거, 오토바이 등을 운전할 때 한 차선으로 계속 가지 않고 '차선을 이리저리 바꾸며 누빈다'라는 의미로도 쓰인다.

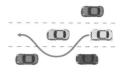

The car weaved dangerously into the next lane.

그 차는 위험하게 다른 차들 사이를 누비며 옆 차선으로 이동했다.

form

모으다, 만들다, 이루다

명사 form은 '형태', '방식', '상태' 등을 의미한다. 이것이 동사로 쓰이면 '특정한 형태나 모양을 만들다'라는 의미가 된다.

They formed car pools to save gas money.

그들은 카풀을 만들어서 기름값을 절약했다.

taxi

비행기가 이륙 직전이나 착륙 직전에 천천히 이동하다

아주 오래전 taxi는 비행기(aircraft)를 의미하는 속어로 쓰였다. 그리고 택시 기사가 요금을 올리려고 차를 의도적으로 천천히 몰던 시절이 있었다. 이 두 상황이 복합적으로 작용하여 지금도 비행기가 이착륙시 천천히 이동하는 것을 taxi라고 한다.

I watched the plane taxi neatly to the gate. I couldn't wait to board the plane.

나는 비행기가 천천히 움직여 깔끔하게 게이트에 도착하는 걸 지켜봤다. 그 비행기에 빨리 탑승하고 싶었다.

total

차를 박살 내다

명사 total은 '전체'를 의미한다. 이것이 동사로 쓰이면 속어의 의미를 띠어 '수리가 불가능할 정도로 차 전체를 박살 내다'라는 의미가 된다. '자동차 전체가 성한 곳이 없다'라는 뜻이다.

A What happened? Did he total the car?

B His blood alcohol was .39.

> A 무슨 일이야? 걔가 차를 박살 낸 거야?
> B 혈중 알코올 농도가 0.39였어.

crane

목을 길게 빼다

명사 crane에는 '기중기', 그리고 '학', '두루미' 등의 의미가 들어 있다. 이것을 동사로 쓰면 '뭔가를 잘 보기 위해서 목이 긴 두루미처럼 목을 길게 빼다'라는 의미를 나타낼 수 있다.

There was a car crash. They craned around to look.

자동차 충돌 사고가 있었다. 그들은 목을 길게 빼고 돌려 그 장면을 보았다.

- **a car crash** 자동차 충돌

relinquish

넘겨주다, 포기하다

어원을 살펴보면 re-(= back, again) + linquish (= leave), 즉 '남기다', '떠나다' 등의 속뜻이 있다. '내 소유를 누군가에게 남겨 놓고 떠난다'는 의미이다. 그래서 흔히 '소유권을 내주다'의 뜻으로 쓰이지만, '누군가에게 맡기다'라는 뜻도 내포한다.

She relinquished her car to the valet.

그녀는 주차원에게 차를 맡겼다.

CHAPTER

3

사 회 생 활

decipher
해독하다, 이해하다

어원은 de-(= down, off) + cipher(= code), 즉 '암호를 풀다'라는 의미이다. 실제로도 '판독하다'의 뜻으로 쓰이며, '암호를 풀듯이 뭔가를 제대로 판독하여 이해하다'의 의미도 나타낸다.

I could not decipher her emotions, but I gradually became aware that something was different.
나는 그녀의 감정을 제대로 이해할 수는 없었지만 뭔가 다르다는 사실을 서서히 알게 되었다.

- **become aware** 알게 되다, 알아차리다

absorb
흡수하다, 빨아들이다, 이해하다

어원은 ab-(= off, away from) + sorb(= suck in), 즉 '안으로 빨아들여 없애다'라는 뜻이다. 그래서 '흡수하다', '빨아들이다', '온전히 이해하다' 등의 의미로 흔히 이해한다. 액체를 빨아들이는 것은 물론 '충격을 흡수하다', '정보를 받아들이고 이해하다' 등의 의미로도 쓰인다.

My brain was so exhausted, I couldn't process what anyone was saying. Even when the judge read my sentence, I had no reaction, because I couldn't absorb it.
뇌가 탈진한 상태라서 나는 누가 무슨 말을 해도 머리가 돌아가지 않았다. 심지어 판사가 내 형량을 읽어 내려갈 때도 나는 아무 반응을 하지 못했다. 그걸 제대로 받아들여 이해하고 판단할 수 있는 상태가 아니기 때문이었다.

project
예상하다, 추정하다

어원의 뜻은 pro-(= forward) + ject(= throw), 즉 '앞으로 던져 제시하다'이다. 이 뜻이 발전해 '계획하다', '기획하다' 등의 의미로 쓰이며, '현 상황과 상태를 근거로 미래의 수익이나 성장률 등을 예상하고 추정하다'라는 의미도 표현한다.

Their studies had already projected earnings, in the first five years to well over a billion dollars.
그들은 이미 연구를 통해서 수익이 향후 첫 5년 동안 10억 달러를 훌쩍 넘을 것으로 예상했었다.

- **earnings** 수익, 이익
- **well over** ~ 이상 훨씬 더

refresh

기억을 되살리다

형용사 fresh는 '새로운', '기억이 생생한' 등의 의미이다. 여기에 '다시'를 의미하는 접두어 re-가 붙어 동사 refresh가 되면 '다시 새로운 느낌을 갖게 하다', '기억을 되살리다' 등의 의미가 된다.

She pulled out her file on Nebraska and read over it once again. It never hurts to refresh.

그녀는 네브라스카 지역에 대해서 정리해 놓은 파일을 꺼내서 다시 한번 끝까지 읽어 봤다. 기억을 되살리는 게 절대 나쁠 건 없으니까.

- **read over** ~를 끝까지 읽다

debate

곰곰이 생각하다

흔히 '논쟁하다' 혹은 '진지하게 토의하다'의 뜻으로도 쓰여 discuss의 유의어로 분류되기도 한다. 하지만 discuss는 '모든 것을 테이블 위에 올려놓고 조목조목 따지며 난상 토론을 하다'라는 느낌이며, debate는 '자기의 주장을 관철시키기 위하여 치열하게 토론하다'라는 의미이다. debate의 어원은 de-(= down, completely) + bate(= beat)로, '싸워서 완전히 물리치다'라는 의미를 포함한다. 굳이 대화의 상대가 없더라도 어떤 문제에 대해서 혼자 치열하게 고민하는 일이 있다면 결국 '이거냐, 저거냐', 또는 '할 것인가, 말 것인가'를 놓고 고민하여 한쪽의 선택이 다른 쪽을 '물리친다'는 동일한 개념에 이르기 때문에 '어떤 결정을 위해 곰곰이 생각하다'의 뜻까지 갖게 되었다.

I debated accepting his offer to work with him, but I finally refused it.

나는 같이 일하자는 그의 제안을 받아들일지 곰곰이 생각했지만 결국 거절했다.

muse

곰곰이 생각하다, 숙고하다

어원의 의미는 ponder, dream(꿈꾸듯이 자유롭게 뭔가를 곰곰이 생각하다)이다. 다양하게 상상의 나래를 펴며 이것저것 깊이 있게 생각한다는 의미를 갖는다. '곰곰이 생각하다'라는 의미의 동사들이 몇 개 있지만, 각각 생각의 범위와 태도, 상태 등이 다르기 때문에 강조하고자 하는 바에 따라서 적절하게 선택하여 사용할 수 있어야 한다.

As I was musing on the case, my phone beeped with a text message.

내가 그 사건에 대해서 곰곰이 생각하고 있을 때 전화기에 문자 메시지가 들어오는 소리가 났다.

register

알아채다, 인식하다, 감정을 나타내다

어원은 re-(= back) + gister(= carry, bear)로, '다시 품다'라는 의미이다. 흔히 '등록하다'로만 알고 있지만, 모르고 있던 사실이나 사물을 뇌에 등록한다는 느낌으로 '알아채다, 인식하다' 등의 뜻으로도 흔히 쓰인다. 그리고 얼굴에 자신의 감정을 '등록하다', 즉 '감정을 얼굴에 나타내다'의 뜻이 되기도 한다.

He seemed to register what she was wearing for the first time.

그는 그녀가 무엇을 입고 있는지 처음으로 알아챈 것 같았다.

weigh

저울질하다

물리적으로는 '물건의 무게를 달다'라는 의미이다. 명사 weight의 동사형이다. 이것이 '생각의 범위'로 옮겨 쓰이면, '결정을 내리기 전에 이쪽저쪽으로 무게를 달아 보다', 즉 '어떻게 결정을 내릴지 저울질하다'라는 의미가 된다.

He has been weighing the pros and cons for months.

그는 몇 달 동안 장단점을 계속 저울질해 보았다.

- **the pros and cons** 장단점, 찬반양론

nurse

감정이나 생각을 품다

명사로는 '간호사', 동사로는 '간호하다', '치료하다' 등의 의미로 익숙한 어휘이다. 여기에 더해 '생각을 치료하고 다스리다'의 의미를 갖게 되어 '짧지 않은 시간 동안 특정한 생각이나 감정을 다스려 품다'라는 뜻으로 쓰인다.

She couldn't help nursing a few ambiguities of her own.

그녀는 스스로에 관한 몇 가지 불분명한 생각들을 계속 품고 있을 수밖에 없었다.

- **ambiguity** 불분명한 생각

entertain

생각하다, 특정한 감정을 품다, 염두에 두다

어원으로 보면 enter-(= among) + tain(= hold, stretch), 즉 '서로의 관계를 품거나 늘리다'라는 뜻이다. '손님을 맞이했을 때 관계 진작을 위해서 품고 즐겁게 해 주다', '어떤 의견이나 생각을 품고 고려하다', '염두에 두다' 등의 의미로 확장해 쓰인다.

If so, we'll definitely entertain the possibility.
만일 그렇다면, 우리는 분명히 그 가능성을 염두에 둘 것이다.

harbor

생각이나 감정을 오랜 시간 품다

명사로는 '항구'이다. 이것이 동사로 쓰이면 '항구가 배를 품듯이 숨겨 주다', '보호하다', 그리고 '생각이나 감정을 오랜 시간 품다'로 의미가 확장된다. '겉으로 드러내지 않고 품다'의 느낌이다.

At the very least, he will harbor a few misgivings.
최소한, 그는 오랫동안 몇 가지 의혹을 품고 살아갈 것이다.

- **misgiving** 의혹, 불안감

stew

마음을 졸이며 생각하다

어원으로 보면 '한증탕에 들어가 씻다'의 속뜻이 있다. 이것이 음식에 쓰이면 '뭉근히 끓이다'라는 뜻으로 확장되고, 사람의 생각에 관해 쓰이면 '땀이 나올 정도로 마음을 졸이며 생각하다'의 의미가 되어 '속이 상하다', '심하게 걱정되다'라는 뜻을 표현한다.

She put the phone down and sat on the bed, stewing. She was furious.
그녀는 전화기를 내려놓고 침대에 앉아서 마음을 졸이며 생각했다. 그녀는 몹시 화가 났다.

- **furious** 몹시 화난

retrospect

회상, 회고

어원으로 보면 retro-(= back) + spect(= look at), 즉 '뒤돌아보다', '과거를 돌이켜보다'의 속뜻을 갖는 명사이다. 그래서 '회상, 회고' 등의 의미로 쓰인다.

In retrospect, she'd been far from fat. But now her weight was on the increase.
돌이켜보면, 그녀는 옛날엔 살이 찐 것과는 거리가 멀었다. 하지만 지금은 몸무게가 점점 늘어나고 있었다.

- **far from** ~와는 거리가 먼
- **on the increase** 점점 증가하는

take

견해, 해석

동사 take는 '이동'의 개념이 있다. 물건이나 사람의 이동을 뜻하는 물리적인 이동과 생각, 시간 등의 이동을 뜻하는 추상적인 이동을 모두 포함한다. 어떤 일이나 상황, 또는 사건이 주는 메시지가 그것을 받아들이는 사람에게 이동되면 그것을 그 사람 고유의 사고력과 시각을 바탕으로 받아들이게 된다. 따라서 명사 take는 '뭔가를 바라보는 견해', '시각', '해석'의 의미를 갖는다.

That's an interesting take on books. Never heard that one before.

그것은 책에 대한 흥미로운 견해이다. 그런 견해는 전에 들어본 적이 없다.

sense

감지하다, 느끼다

명사로 쓰이면 '감각', 동사로 쓰일 때는 '감각적으로 느껴서 어떤 생각이 들다'라는 뜻이다. 이것을 '감각으로 느끼다', '감지하다' 등으로 해석할 수도 있다. 단순한 '생각'이 아니라 '감각적으로 감지된 생각'임을 기억해야 한다.

I sense you have some reservations.

내가 느끼기엔 당신 지금 의구심을 갖는 듯한데.

• **reservation** 의구심, 거리낌

gauge

남의 기분이나 태도를 판단하거나 알아내다

어원의 의미는 calibrate(눈금을 매기다), measure (측정하다)이다. 뭔가의 정확한 치수를 잰다는 뜻에서 확장되어 '타인의 생각이나 태도, 기분 등을 치수를 재듯 정확히 판단하거나 알아내다'의 뜻으로도 흔히 쓰인다.

When she sat back up, she tried to gauge his reaction, but his expression was unchanged.

그녀는 다시 자세를 바로잡고 앉으면서 그의 반응을 정확히 확인하려 했지만, 그의 표정은 전혀 변화가 없었다.

• **sit back up** 다시 자세를 바로 해 앉다

notice
의식하다, 알다, 알아채다

어원의 의미는 come to know, get to know (알게 되다)이다. 어떤 사실을 보거나 들어서 알게 되는 경우이다. 남모르게 알게 되어 혼자 의식하는 경우와, 대놓고 주목해서 보는 경우가 모두 해당된다. 따라서 '알아채다', '주목하다' 등의 뜻으로 쓰인다.

"She's not been herself lately."
"I've noticed that too. Whenever we're together, she seems distracted, like something's on her mind.

"걔 요즘 보면 평소와는 뭔가 달라졌어."
"나도 눈치챘어. 함께 있을 때마다 느끼는 건데 좀 산만해진 것 같아. 마치 뭔가 늘 생각하고 있는 사람처럼 말이지."

- distracted
  생각이나 정신이 산만한 상태인
- something's on one's mind
  ~가 뭔가를 생각하고 있다

place
누구인지를 생각해 내다, 알아보다

명사일 때는 '장소'를 의미하지만 동사로 쓰이면 '뭔가를 특정한 장소에 두다', '제대로 놓여야 할 위치에 놓다' 등의 의미이다. 그래서 place someone이 되면 '누군가를 적절한 위치에 두다' → '그가 누구인지 과거의 기억을 더듬어 제대로 위치를 잡다' → '그 사람이 누구인지를 제대로 생각해 내다/알아보다'로 해석하게 된다.

He entered and saw a woman seated by herself at a table. She looked vaguely familiar, but he could not place her.

그는 안으로 들어가서 혼자 테이블에 앉아 있는 여성을 보았다. 그녀는 약간 눈에 익은 듯했지만 정확히 누구인지는 생각해 낼 수 없었다.

comprehension
이해, 이해력

동사형 comprehend를 어원으로 보면 com-(= together, completely) + prehend(= catch, hold of, seize)로, '완전히 잡다', '완전히 이해하다' 등의 뜻이다. 그 명사형이 comprehension이므로 '완전한 이해'라는 의미로 쓰인다.

You were riding the motorcycle on that icy night? Were you out of your mind? It's beyond comprehension.

사방이 얼음으로 뒤덮인 그 밤에 오토바이를 타고 있었다고? 너 미쳤어? 정말 도저히 이해가 안 되네.

- icy 얼음이 뒤덮인
- beyond comprehension
  이해의 범위를 넘어선, 이해가 되지 않는

rash

경솔한, 성급한

어원의 의미는 quick, fast(빠른), reckless(무모한)이다. 빠르게 움직이다 보니 무모하고 경솔한 행동을 하게 된다는 느낌을 담고 있는 어휘이다. 그래서 '경솔한, 성급한'의 의미로 쓰인다.

He didn't make rash decisions.
He was the sensible man.
그가 경솔한 결정을 내리진 않았습니다. 그는 분별 있고 합리적인 사고를 하는 사람이었거든요.

* **sensible** 분별 있는, 합리적인

contemplate

심사숙고하다

어원으로 보면 con-(= together) + template (= temple), 즉, '신전이나 사원(temple)에 앉아서 온 신경을 모아(together) 뭔가를 골똘히, 그리고 조용히 생각하다'라는 뜻이다. 그래서 '깊이 생각하다, 심사숙고하다'의 의미로 쓰인다.

I did it. What I've been contemplating for the past few months.
나 그거 했어. 지난 몇 달 동안 계속 심사숙고해 오던 바로 그 일 말이야.

conflicted

선택에 갈등을 겪는

conflict를 어원으로 보면 con-(= together) + flict(= strike), 즉 '같이 때리다'라는 뜻이다. 같이 때린다는 것은 '충돌'을 상징하며, 여기에는 물리적인 충돌과 심리적인 충돌이 모두 포함된다. 특히 심리적일 때는 '갈등'의 의미를 갖는다. 그러나 동사로 쓰일 때는 물리적 충돌이 아닌 심리적 충돌에 국한되어 '생각이나 의견이 서로 상충하다'라는 뜻으로 쓰인다. 과거분사형 형용사인 conflicted는 '두 개의 선택지가 각각 강력한 장점을 보유하고 있어서 하나를 선택하기가 매우 힘든', 즉 '선택에 심한 갈등을 겪는'의 뜻으로 쓰인다.

The more I read, the more conflicted I became.
읽으면 읽을수록 무엇을 선택해야 할지 갈등이 더욱 심해졌다.

filter

걸러서 생각하다

우리가 일반적으로 말하는 '필터링 한다'에 해당하는 어휘가 바로 이 filter이다. '불순물을 걸어내다'라는 뜻이다. 이것을 '생각'에 적용하면 '적절치 못한 요소들은 걸러 내면서 올바른 생각을 하다'의 의미로 쓰인다.

I filtered your and his opinions and viewpoints through your respective biases.

내가 너와 그 사람의 의견과 관점을 각자의 성향에 맞춰서 걸러 생각해 봤어.

- **respective** 각자의
- **bias** 성향

shake

생각을 떨쳐 버리다

우리가 흔히 알고 있듯이 '흔들다', '떨다'라는 뜻의 어휘인데, '생각'에 적용하면 '나를 끈질기게 괴롭히는 생각을 떨쳐 버리다'의 의미로 쓰인다. 그 생각을 흔들고 털어서 없애는 것이다.

I wanted to forget about the idea. But once it took hold, I couldn't shake it.

나야 그 생각을 지우고 싶었지. 하지만 일단 그 생각에 사로잡히니 떨쳐 버릴 수가 없었어.

- **take hold** 사로잡다

anticipate

예상하다, 기대하다

어원으로는 anti-(= before) + cipate(= take, grasp), 즉 '앞서서 미리 가져가다'의 의미이다. 어떤 결과가 나오기 이전에 예상하거나 기대한다는 의미이다.

I anticipated some backlash. And I took that into account.

나는 반발이 있을 거라고 예상했어. 그걸 다 고려해서 내린 결정이야.

- **backlash** 반발
- **take ~ into account** ~를 고려하다

inquire

묻다, 문의하다

어원으로 보면 in-(= into) + quire(= ask, seek), 즉 '필요한 것을 얻기 위해서 질문하다'라는 의미이다. 이것이 보통 '정보를 문의하다', '조사하다', '질문하다' 등의 뜻으로 쓰인다. 영국에서는 흔히 enquire라고 쓴다.

After a bit of a tense silence, he inquired about my health and told me what he'd done while I was ill.

약간 긴장감이 흐르는 침묵 후에 그는 내 건강에 대해 물었고, 내가 아픈 동안 자기는 무엇을 했는지 말했다.

dissuade

〜를 하지 않도록 만류하다/설득하다, 단념하게 하다

어원으로 보면 dis-(= against) + suade(= advise), 즉 '뭔가를 하지 않도록 충고하다'라는 의미이다. 실제로도 '설득을 통해서 어떤 행동이나 결정을 하지 않도록 막는 시도를 하다'의 의미로 쓰인다. 반대로 '뭔가를 하도록 설득하다'는 persuade 이다.

"I can't live waiting to be sick. If doctors can't cure me, I'd rather die immediately."
He tried to dissuade her, but she was adamant.

"이렇게 가만히 앉아서 아프기만을 기다릴 수는 없어. 의사들이 내 병을 고칠 수 없다면 차라리 당장 죽는 게 나아."
그는 그녀를 만류하려고 해 봤지만 그녀는 단호했다.

• **adamant** 단호한

mollify

달래다, 진정시키다

어원으로는 molli-(= soft) + fy(= make), 즉 '부드럽게 만들다'의 의미이다. 실제로는 '언짢고 불편한 마음을 풀어서 편안하고 부드럽게 만들다', '달래다', '진정시키다'의 의미로 쓰인다.

I tried to mollify and comfort him without success.

나는 그를 달래고 위로하려 했지만 결국 뜻대로 되지 않았다.

• **comfort** 위로하다

divulge

비밀을 알려주다, 누설하다

어원은 di-(= apart) + vulge(= make public)로, '따로 떼어서 대중에게 알리다'라는 뜻이다. 실제로 활용될 때는 '지극히 개인적인 비밀이나 상황을 남에게 알리다'라는 의미로 쓰인다.

He's got some fatal condition, but nobody divulges what it is.

그는 건강이 치명적인 상태이지만, 아무도 그게 어떤 병인지 말하지 않는다.

- **fatal** 치명적인

broach

하기 힘든 이야기를 꺼내다

원래 '끝이 뾰족한 도구'라는 의미이며, 동사로 쓰일 때는 '끝이 뾰족한 도구로 구멍을 내다'라는 뜻을 나타낸다. 이것을 비유적으로 쓰면 '굳게 닫힌 상대의 마음을 열기 위해서 상대에게는 매우 민감한 이야기를 힘들게 꺼내다'라는 의미를 표현한다. 철벽 같은 마음에 구멍을 내는 느낌이다.

I broached it once. He wouldn't even talk about it.

내가 힘들게 한 번 그 이야기를 꺼내긴 했어. 그는 그 문제에 대해서는 일체 대화하지 않으려고 해.

babble

횡설수설하다, 마구 지껄이다

성경에 나오는 바벨탑이 연상된다. 모든 사람들이 상대의 말에는 관심도 없고 이해도 못하면서 그저 각자의 언어로 떠들어 대는 상황이다. 이처럼 이해할 수 없는 말로 횡설수설하거나 알아듣지도 못할 말을 끝없이 떠들어 댄다는 의미로 쓰인다. 상대는 도통 관심 없는 주제를 계속 떠들어 대는 사람에 대해 사용할 수 있다.

She was talking to herself. She couldn't stop babbling about her life.

여자는 계속 혼잣말을 하고 있었다. 자기 인생에 대해 지껄여 대는 것을 멈출 수가 없었다.

convey

감정을 전하다

어원은 con-(= together, with) + vey(= go, move)로, '함께 가다', '함께 움직이다' 등의 의미이다. 그래서 '생각이나 감정을 누군가에게 전하다'의 뜻으로 쓰인다. '감정을 상대에게 전달해서 상대와 내 감정을 공유한다'는 의미를 내포한다.

Her expression, her tone conveyed her earnestness.

그녀의 표정, 그녀의 말투가 그녀의 진실된 마음을 전했다.

- **expression** 표정
- **tone** 말투
- **earnestness** 진심

explore

대화를 통해서 분석하다, 탐구하다

어원은 ex-(= out) + plore(= cry)로, '크게 외치다'라는 의미이다. 아주 오래전 사냥꾼들의 '잠복 사냥'에서 유래한 어휘이다. 사냥감이 즐겨 다니는 지역을 사냥지로 정해 주변의 자연환경, 지형, 사냥감의 특성 등을 자세히 조사한 후 주변에 잠복하고 있다가 사냥감이 나타날 때쯤 크게 고함을 질러 사냥감이 멈칫하는 순간 총이나 화살 등을 쏴서 잡는 방법이다. 이런 상황에서 유래하여 '답사하다', '탐구하다', '대화나 생각을 통해서 깊이 연구 분석하다' 등의 의미로 쓰인다.

It is interesting to come over here to exchange ideas with the research teams and explore new ideas of marketing.

여기 와서 연구팀들과 아이디어를 교환하고 새로운 마케팅 방안들을 연구 분석하는 게 즐겁습니다.

confide

비밀을 털어놓다

어원은 con-(= 강조) + fide(= trust), 즉 '매우 신뢰하다'라는 의미이다. '상대를 매우 신뢰하기 때문에 비밀을 털어놓다'라는 뜻으로 쓰인다. '자신감 있는'을 뜻하는 형용사 confident 역시 같은 어근인 fide를 포함한다.

He confided to his closest friend, "She is a lousy liar."

그는 자신의 가장 친한 친구에게 털어놓았다. "그녀는 형편없는 거짓말쟁이야."

- **lousy** 형편없는

endorse

지지하다, 응원하다, 후원하다

어원을 살펴보면 en-(= put on) + dorse(= back), 즉 '뒤에서 작동시키다'의 의미이다. 여기에서 발전해 '뒤에서 밀어주다', '후원하다', '지지하다' 등의 뜻으로 쓰인다. 수표에 이서하는 경우에도 사용하는데, '수표에 이서함으로써 수표를 공식적으로 사용할 수 있도록 보장하다'의 뜻이 되어 '지지'와 '후원'이라는 기본 의미에는 변함이 없다.

He's a great young musician.
I wholeheartedly endorse him.

그는 대단히 훌륭한 젊은 음악인이다. 나는 그를 전폭적으로 지지한다.

• **wholeheartedly** 전폭적으로

bicker

사소한 일로 다투다

attack, 즉 '(서로) 공격하다'의 의미이다. 큰일이 아니라 '사소한 문제(petty things)'로 서로 말다툼한다는 느낌을 담고 있다. 같은 싸움이라도 그 정도에 따라서 가리키는 어휘들이 다르다. 따라서 각각의 정확한 의미를 알고 있어야 올바른 해석이 가능하다.

We were listening to our parents bickering acrimoniously.

우리는 부모님이 사소한 문제로 서로 폭언을 퍼부으며 싸우는 소리를 듣고 있었다.

• **acrimoniously** 폭언이 오가며, 신랄하게

bombard

질문이나 비난을 퍼붓다

mortar(박격포), catapult(투석기)의 의미를 지닌 단어이다. 전쟁터에서 폭탄을 퍼붓거나 돌을 날려 보내는 것이다. 여기에서 확장되어 '전쟁터에서 폭탄을 퍼붓듯이 질문이나 비난을 퍼부어 대다'의 의미로 흔히 쓰인다.

He bombarded me with hostile questions, to which at first I responded politely and professionally.

그는 내게 적대적인 질문들을 퍼부었고 나는 그 질문들에 처음에는 공손하고 프로답게 반응했다.

• **hostile** 적대적인

grill

다그쳐 질문하다, 닦달하듯이 질문하다

명사로 쓰면 우리에게 익숙한 '그릴', 즉 고기를 굽는 '석쇠'이다. 동사로 쓰이면 '옥외에서 석쇠에 고기를 굽다'가 기본적인 의미이다. 여기에서 발전해 '석쇠에 지글지글 고기를 굽듯이 사정없이 질문을 해 대다'의 의미를 나타낸다. 상대에게 뭔가 의심이 들어서 진실을 말할 때까지 집요하게 질문을 퍼붓는다는 느낌이다.

After nearly an hour he was still grilling me about every microscopic aspect of my life.

거의 한 시간이 지났는데도 그는 여전히 내 사생활의 단면까지 시시콜콜 집요하게 질문해 댔다.

- **microscopic** 미세한
- **aspect of one's life** ~의 생활의 단면

volley

서로 맞받아치다

원래는 물리적으로 공이 바닥에 닿기 전에 서로 맞받아친다는 의미이다. 그래서 '배구'를 volleyball이라고 하며 축구에서 자신에게 날아오는 공이 바닥에 닿기 전에 차는 것을 '발리킥(volley kick)'이라고 한다. 이런 물리적 상황이 대화에 응용되면 '대화할 때 상대의 말이 끝나자마자 바로 맞받아치다'라는 의미로 쓰인다.

He quickly changed the subject and we continued volleying unpleasantries.

그는 재빨리 대화의 주제를 바꿨고 우리는 계속해서 서로 불쾌한 언어들로 맞받아쳤다.

- **unpleasantry** 불쾌한 말

hedge

얼버무리다

명사로 쓰일 때는 '촘촘하게 심어진 덤불로 자연스럽게 형성된 울타리나 벽'이라는 의미이다. 이것이 동사로 쓰이면 '상대의 질문에 솔직한 답변을 피하고 자연스럽게 생각의 울타리를 치며 말을 얼버무린다'는 의미를 전한다.

I couldn't bear to hear him hedging. He was trying to soften the blow with compliments.

나는 그가 솔직하게 답하지 않고 얼버무리는 걸 참고 들을 수가 없었다. 그는 내가 받을 충격을 칭찬의 말로 줄여 보고자 애쓰는 중이었다.

- **bear** 참다, 견디다
- **blow** 충격
- **compliment** 칭찬(의 말)

interrogate

심문하다, 추궁하다

어원의 의미는 inter-(= between) + rogate(= ask), 즉 '둘 사이에 질문하다'이다. '둘 사이'는 일반적인 사람들 사이가 아니라 '범죄자와 경찰' 사이를 의미한다. 그리고 질문은 '범행 동기나 범행 도구를 숨긴 장소를 알아내고자 하는 질문'이다. 일반적인 상황에서는 '상대의 생활이나 미래의 계획 등을 알고 싶어서 심문하듯이 자세히 질문하다'라는 뜻으로도 사용할 수 있다.

Whenever dad was in a 'good mood', he would interrogate me at length about my schoolwork and social activities.

아버지는 '기분이 좋을 때'마다 내 학교 공부와 교외 활동 등에 대해서 한참 동안 자세히 물었다.

- **at length** 한참 동안

castigate

가혹하게 책망하다

'심하다(harsh) 싶을 정도로 혼낸다(reprimand)'라는 의미이다. 어원은 cast-(= pure) + igate(= do, drive), 즉 '순수한 상태로 몰고 가다'라는 속뜻을 갖는다. '잘못된 길로 들어선 사람을 순수하고 올바른 길로 안내한다'는 의미이다. 그렇게 하려면 잘못을 혹독하게 책망하는 수밖에 없으니 '가혹하게 책망하다'라는 뜻이 나온 것이다. 일반적으로는 '선생님이나 부모님이 학생, 또는 자식들이 올바른 길로 가게끔 심하게 혼내고 타이르다'라는 뜻으로 쓰이지만 단순히 '상대의 잘못을 심하게 비난하다'의 의미로도 흔히 쓰인다.

He used harsh words to castigate his son.

그는 심한 말들을 써 가면서 아들을 (올바른 길로 들어서도록) 가혹할 정도로 책망했다.

- **harsh words** 심한 말들

flagellate

채찍질하다, 재촉하면서 다그치다

어원의 의미는 '채찍(whip)으로 때리다'이다. '물리적으로' 채찍질한다는 뜻으로 쓰이기도 하지만, '정신적으로 채찍질하다'의 뜻으로도 흔히 쓰인다.

I think he's doing well. Why do you flagellate him like that?

내 생각에는 그 애가 잘하고 있는 것 같은데. 왜 그렇게 재촉하고 다그치는 거야?

berate

모욕적인 언어로 상대의 인격을 무시하며 화내다

어원은 be-(= thoroughly, repeatedly) + rate (= scold, accuse)로, '완전히, 계속적으로 비난하다'의 의미이다. 단순히 목소리를 높이며 화내는 차원이 아니라 '모욕적인 언사를 계속 퍼부어 상대를 깔아뭉개다' 정도의 의미로 쓰인다.

We heard the voice of our father, berating us for having gone against his directive.
우리는 아버지의 목소리를 들었다. 우리가 아버지의 명령을 따르지 않았기 때문에 몹시 화가 나서 심한 욕을 하시는 것이었다.

- **go against** ~에 반대/저항하다, 거스르다

contradict

부인하거나 반박하다

어원은 contra-(= against) + dict(= say, speak), 즉 '반대 의견을 말하다'라는 의미이다. 실제로는 '상대의 생각이나 의견, 또는 주장에 반박하다'라는 뜻으로 쓰인다.

I didn't mean to contradict your theory. Don't misunderstand me.
난 너의 의견에 반박하려던 의도는 아니었어. 오해하지 마.

- **theory** 생각, 의견, 이론

demur

이의를 제기하다, 거부하다, 예의 있게 거절하다, 망설이다

어원은 de-(= down, away) + mur(= delay)로, '선뜻 받아들이지 않고 미루다'라는 뜻이다. 이 뜻이 발전해 '상대의 제안이나 생각에 이의를 제기하다', '상대의 부탁을 거부 또는 거절하다', '망설이다' 등의 의미로 쓰인다.

When I demurred, she was insistent. "Not everyone likes an 'ambitious' woman," she said.
내가 그녀의 생각에 이의를 제기했을 때 그녀는 자기 주장을 고집했다. "모든 사람이 다 '야망 있는' 여성을 좋아하는 건 아니에요." 그녀는 말했다.

- **insistent** 자기 주장을 고집하는

misspeak

잘못 말하다

어원으로 보면 mis-(= badly, wrongly) + speak
(= say, pronounce), 즉 '발음을 잘못하다', '말을
틀리게 하다' 등의 뜻이다. 실제로는 상대의 이름
을 잘못 말하거나 단어를 제대로 발음하지 못했
을 때, 또는 의도치 않게 실수로 던진 말이 상대
의 마음을 상하게 했을 때 사용한다.

I know the difference between
a text and an e-mail. I misspoke
because I'm tired. I hardly slept
all week.

내가 문자와 이메일의 차이를 왜 몰라, 당연히 알지.
내가 피곤해서 말이 잘못 나온 거야. 한 주 내내
잠을 거의 못 잤어.

rebel

반대하다, 저항하다

명사로 쓰이면 '반역자', '반대자' 등의 의미이며,
여기에서 발전해 '반란을 일으키다', '저항하다'라
는 동사의 의미가 생겨났다. 나아가 '어떤 생각이
나 의견, 또는 이론에 반대하다'의 의미로도 흔히
쓰인다. 반대의 대상을 뒤에 적을 때는 '반대'를
의미하는 전치사 against를 함께 쓴다.

There was nobody who rebelled
against that idea.

그 아이디어에 반대하는 사람은 아무도 없었다.

entice

유인하다, 꾀다

어원은 en-(= in) + tice(= attract)로, '안으로 당
기다'라는 의미이다. 여기서 발전해 상대가 혹할
만한 물건이나 일, 또는 과장된 약속을 이용해 상
대를 내 쪽으로 유인한다는 의미로 쓰인다.

They have been trying to entice
her into a decent job for several
years now.

그들은 지금까지 몇 년 동안 계속 그럴싸한 일을
제공하겠다며 그녀를 유혹하고 있다.

- **decent** 제대로 된, 괜찮은

backpedal

말을 바꾸다, 후퇴하다

물리적으로 '페달을 뒤로 밟다'라는 의미이다. 그 래서 '후퇴하다'의 의미로 쓸 수 있으며, 이미 한 약속이나 행동을 '철회, 또는 취소한다'는 의미로 도 쓰인다. 대화 도중에 말 실수를 만회하거나 힘 든 상황에서 빠져나가고자 '말을 바꾸다'의 의미 로도 자주 쓰인다.

She did her best to backpedal. "I know. Sorry. It's just that I care about you so much, I can't stand the thought of your being with anyone else."

그녀는 말을 바꾸려고 최선을 다했다. "알죠. 죄송해요. 저는 그냥, 당신에게 너무 마음을 쓰다 보니 당신이 저 말고 다른 누구와 함께 있다는 생각 자체를 견딜 수가 없어서 그래요."

startle

깜짝 놀라게 하다

동사 start와 같은 어원에서 출발한다. start는 leap up(뛰어오르다), fall(떨어지다), stiff(뻣뻣해 지는)의 의미이다. 이런 상태는 '놀람'에서 기인한 것이다. 그래서 start에 '깜짝 놀라다'의 자동사적 의미가 포함되어 있으며, startle이 되면 타동사 로 쓰여서 '깜짝 놀라게 하다'라는 의미가 된다.

His voice startled me. I sat up and turned to look at him.

그의 목소리에 나는 깜짝 놀랐다. 나는 자세를 바로 하고 앉아서 몸을 돌려 그를 보았다.

chide

책망하다

원래 명사로 '쐐기(wedge)'의 의미이며 동사로 쓰 이면 '봉이나 나무를 휘둘러(brandish sticks) 쐐기 를 박다'라는 의미이다. 이 뜻이 발전해 '뒤탈이 생기지 않도록 책망하듯이 단단히 이르다'의 의 미로 쓰인다.

She chided him in a stage whisper. "Behave."

그녀는 속삭임으로, 하지만 남들이 다 들을 수 있는 소리로 그를 책망했다. "얌전히 굴어야지."

- **a stage whisper**
  일부러 남들이 다 듣도록 하는 속삭임

grouse

불평하다

명사로 쓰이면 육상에서 거주하는 통통한 '뇌조', 즉 '들꿩과의 새'를 뜻한다. 닭처럼 땅에서 사는 조류인데, 사람들은 하늘을 나는 새인 것처럼 사냥감으로 생각했다. 뇌조의 입장에서는 하늘을 날지 못하는 아쉬움, 사냥감으로 취급되는 허무함 등으로 불평의 나날일 수밖에 없었을 것이라는 맥락에서 '불평하다'라는 의미가 파생되었다.

You're grousing about your work, but I know you love what you do.
너 지금 네 일에 대해서 불평을 늘어놓지만 내가 뻔히 알지. 네가 네 일을 정말 좋아한다는 걸.

manipulate

속이다, 조종하다

어원은 mani-(= hand) + pulate(= fill)로, '손으로 능숙하게 채우다'의 의미이다. 뭔가를 손으로 매우 능숙하게 다룬다는 느낌이다. 실제로는 손을 이용하는 것뿐 아니라 '누군가를 말로 교묘하게 속이거나 영향을 주어 자기가 원하는 대로 하게끔 만들다'라는 뜻으로 사용한다.

She'd manipulated him into it the other night on the phone.
그녀는 며칠 전 밤에 그와 통화를 하면서 그를 교묘하게 속여서 그렇게 하도록 만들었다.

retort

대꾸하다, 쏘아붙이다

어원으로는 re-(= back) + tort(= twist), 즉 '비틀어 돌려보내다'의 의미이다. 실제로는 '상대의 말에 응수하다', '상대가 한 말을 받아서 쏘아붙이다' 등의 의미로 쓰인다.

He said he hadn't done anything wrong. She retorted, telling him he was a complete liar.
그는 자기는 잘못한 게 하나도 없다고 말했다. 그 말에 그녀는 그가 완전히 거짓말쟁이라고 쏘아붙였다.

swamped

눈코 뜰 새 없이 바쁜

명사 swamp는 '늪'을 의미한다. 이것이 동사로 쓰이면 '늪에 빠진 것처럼 일이 끝도 없이 계속 꼬리를 물면서 넘쳐나다'라는 뜻이 된다. 과거분 사형 형용사인 swamped는 '마치 늪에 빠진 것 처럼 일에서 헤어나오지 못할 정도로 정신없이 바쁜, 눈코 뜰 새 없이 바쁜' 등의 의미로 쓰인다.

A I was wondering if you could come to the house for lunch today.

B I'm swamped here.

    A 오늘 당신이 집에 와서 점심 같이 먹을 수 있으려나 하고 있었어.

    B 여기 일이 너무 많아서 정신없어.

slammed

일에 치일 정도로 할 일이 많은

동사 slam은 throw or push with force, 즉 '힘을 주어 던지거나 밀다'라는 의미이다. 그래서 '쾅 닫다', '세게 밀다' 등의 의미로 쓰인다. 과거분사형 형용사인 slammed는 '힘으로 세게 밀쳐진 것처럼 많은 일의 힘에 밀려서 방해를 받는', '일에 치인 상태인' 등의 뜻이다.

I'm slammed today, but I forgot my daughter's play at camp is this afternoon. Move my appointments.

내가 오늘 일에 치일 정도로 바쁘긴 한데 딸내미가 캠프에서 하는 연극이 오늘 오후인 걸 깜빡했네. 약속들을 좀 옮겨 줘요.

shorthanded

일손이 모자라는 상태인

형용사 short는 '짧은' 이외에 '부족한'의 의미를 포함하며, hand는 '손' 외에 '일손'을 의미하기도 한다. 동사 shorthand는 '일손이 부족하다'라는 뜻이며, 과거분사형 형용사 shorthanded는 '일손이 부족한 상태인', '인원 부족의' 등으로 이해하면 된다.

We're shorthanded on account of the pandemic.

우리는 지금 일손이 부족한 상태야. 팬데믹 때문이지.

* **on account of** ~ 때문에
* **pandemic** 세계적인 유행병

preoccupied

정신이 팔린, 어떤 생각에 사로잡힌

동사 occupy의 어원을 보면 oc-(= over) + cupy (= grasp, seize)로, '인수하다', '장악하다', '점령하다' 등의 의미이다. 실제로는 '공간이나 시간을 차지하다'의 의미로 쓰인다. 과거분사형 형용사인 occupied는 '점령된', '사용 중인', '(어떤 일로 시간을 점령당해서) 바쁜' 등의 뜻이다. 여기에 before의 의미를 지닌 접두사 pre-가 합해져 preoccupied가 되면 '이미 앞서서 어떤 일이나 생각에 사로잡혀 있는', '어딘가에 이미 정신이 팔려 있는' 등의 의미를 갖는다.

I can tell he's preoccupied with something.

딱 보니까 쟤 지금 뭔가에 정신이 팔려 있네.

- **tell** 알다, 판단하다

ready

준비하다

prepare, 즉 '준비하다'의 의미이다. 형용사로 쓰일 때는 '이미 준비가 된' 상태를 의미하지만, 동사로 쓰일 때는 뭔가를 '준비하다', '준비시키다' 등의 뜻이 된다.

She was off in the kitchen readying the next elaborate course.

그녀는 부엌에 들어가서 다음 코스를 정성스럽게 준비하고 있었다.

- **elaborate** 정성 들인

assume

추정하다, 책임을 맡다

어원은 as-(= to, toward) + sume(= take)로, '특정한 방향으로 가져가다'라는 의미이다. 물건을 가져가는 것이 아니라 '정신적인 면으로 가져가다'라는 느낌이 강한 어휘이다. 그래서 '생각을 특정한 방향으로 가져가다', '추정하다', '가정하다' 등의 의미를 띠게 되고, '어떤 일에 대한 책임을 떠맡다'라는 의미까지 확장된다.

I tried to grow up as fast as possible to assume my share of the burden.

나는 가능한 한 빨리 성장하여 그 부담에 대한 내 몫을 떠맡으려 애썼다.

- **burden** 짐, 부담

sort

구분을 잘해서 해결 또는 정리하다

명사로 쓰일 때는 '뭔가의 형태나 종류', '특정한 타입의 사람' 등을 의미하며, '형태나 종류별 데이터 분류'라는 의미도 된다. 동사로 쓰이면 '분류하다', '정리하다', '문제를 해결하다'라는 뜻이다.

If there's nothing else, I'll go take care of sorting your appointments.
별다른 일이 없으면 저는 가서 당신의 업무 관련 약속들을 잘 정리해 보도록 하겠습니다.

defer

미루다, 연기하다

어원은 de-(= away) + fer(= carry), 즉 '멀리 가져가다'라는 뜻이다. 원래 있던 자리에서 다른 곳으로 눈에 띄지 않게 옮겨 놓는다는 것이다. 그래서 '예정되어 있던 계획을 뒤로 미루다', '연기하다' 등의 의미로 쓰인다.

They have deferred all new hires.
그들은 모든 신규 채용 계획을 뒤로 미루었다.

progress

진행되다

어원은 pro-(= forward) + gress(= step, walk)로, '앞으로 내딛다', '앞으로 걸어가다' 등의 의미이다. 여기에서 발전해 '어떤 일이나 결과에 진전을 보이다', '진행되다' 등의 뜻으로 쓰인다.

As the meeting progressed, it became apparent that she was different in more ways than appearance.
회의가 진행되면서 분명해진 것은 그녀는 외모뿐 아니라 더 많은 부분에서 남들과는 다르다는 사실이었다.

- **apparent** 분명한

desist

그만두다, 멈추다

어원을 살펴보면 de-(= off) + sist(= stop, come to a stand), 즉 '멈추다, 정지하다'의 뜻이다. 그래서 '하던 일을 멈추다', '진행을 그만두다' 등의 의미를 갖는 자동사로 쓰인다.

If the burgers taste in any way funny, you must desist from eating them.

버거 맛이 조금이라도 이상하면 먹는 걸 딱 멈춰야만 하는 거야.

resume

자기 자리로 돌아가다

어원을 살펴보면 re-(= again) + sume(= take, obtain, begin), 즉 '다시 가져가다', 또는 '다시 시작하다'의 의미이다. '다시 시작하다'는 물론 '원래의 자리로 다시 돌아가다'라는 의미로도 자주 쓰인다.

She resumed her spot at the desk and studied the photographs.

그녀는 책상의 자기 자리로 돌아가서 사진들을 살펴봤다.

- **study** 살펴보다

spawn

낳다, 생산하다

어원은 s-(= out) + pawn(= spread, unfold), 즉 '밖으로 펼쳐지다', '쫙 펼치다'라는 뜻을 나타낸다. 실제로는 '바깥 세상에 뭔가를 생산하다', '어떤 결과를 낳다' 등의 의미로 쓰인다.

These new industries spawned new companies, only a few of which survived to dominate the field.

이런 새로운 산업들은 새로운 회사들을 많이 양산했지만, 살아남아서 그 분야에 군림한 것은 그중 몇몇 회사들뿐이었다.

- **dominate** 지배하다, 군림하다

MP3 016

block

막다, 방해하다

어원의 의미는 log(통나무), block of wood(나무 토막)이다. 이것이 동사로 쓰이면 '통나무로 막다'라는 뜻이 되어 실제로는 '막다', '방해하다' 등의 의미로 쓰인다. 사람이나 자동차의 통행, 또는 사람의 행위를 막는다는 의미이다.

They began to pour into the main city streets, blocking traffic as they passed.

그들은 중심 도시의 거리들로 쏟아져 나오기 시작하여 곳곳의 교통을 막으면서 지나갔다.

• pour into ~로 쏟아져 나오다

contain

방지하다, 막다, 억누르다, 함유하다

어원은 con-(= together) + tain(= keep), 즉 '뭔가를 계속 붙들고 있다'라는 의미이다. 그래서 실제로는 '뭔가를 함유하다', '포함하다' 등의 의미로 쓰이며, 여기에 더해서 '어떤 일이 일어나지 않도록 계속 붙들어 막거나 방해·저지하다'의 뜻으로도 쓰인다. 또 '감정을 그대로 표현하지 않고 계속 억누르며 지키다'라는 의미도 나타낸다.

There are certain kinds of evil in the world that have to be contained.
A child killer is at the top of that list.

세상에는 당연히 막아야 하는 특정 악들이 존재한다. 아동 살해범이 그중 가장 일 순위이다.

invade

침해하다, 난입하다, 방해하다

어원을 살펴보면 in-(= in) + vade(= go, walk), 즉 '안으로 걸어 들어오다'의 의미이다. 실제로는 '무작정 들어오다', '거칠게 밀고 들어오다', '상대의 동의를 구하지도 않고 무조건 침해하다', '무작정 방해하다', '침입하다' 등의 의미로 쓰인다. 물리적인 침해는 물론 정신적인 면을 포함한 모든 추상적인 형태의 '방해'와 '침해'에 적용되는 어휘이다.

He felt a deep anger that they were invading his privacy.

그는 심한 분노를 느꼈다. 그들이 무작정 자신의 사생활을 침해하고 있었던 것이다.

disrupt

방해하다, 지장을 주다

어원은 dis-(= apart) + rupt(= break), 즉 '분리하다', '분해하다' 등의 의미이다. 여기서 발전해 '집중을 흐트러뜨리다', '계획을 망가뜨리다', '규칙적인 행동을 방해하다' 등의 의미로 쓰인다.

Late arrivals disrupt the class, and it's hard to keep students focused.

지각하면 수업에 지장을 주고 학생들을 수업에 계속 집중시키기가 힘듭니다.

impede

일의 진행을 지연시키거나 방해하고 막다

어원을 보면 im-(= in, into) + pede(= foot), 즉 '안으로 발을 슬쩍 밀어 넣다'라는 의미이다. 무작정 걸어 들어와서 침범하거나 침해하는 invade와는 달리, 발만 슬쩍 밀어 넣어서 방해하고 저지한다는 느낌이다. 실제로는 '일의 진행을 막다', '지연시키다' 등의 의미로 쓰인다.

Don't let it impede your enjoyment of life.

잘 흘러가고 있는 인생의 즐거움을 그런 일로 망치지 마.

avert

피하다, 방지하다

어원을 보면 a-(= off, away from) + vert(= turn), 즉 '외면하다', '몸을 돌려 피하다' 등의 의미이다. 실제로 '외면하다', '피하다'의 의미로 쓰이며, 거기에 더해 '방지하다'라는 의미도 나타낸다.

He would probably go to some lengths to avert trouble.

그는 아마도 무슨 수를 써서라도 문제를 피하려 할 것이다.

- **go to some lengths** 어떤 고생도 마다하지 않다

defend

막아서 지키다, 저지하여 방어하다

어원은 de-(= from, away) + fend(= strike, hit)로, '타격을 피하다'라는 의미이다. 여기에서 발전해 '외부의 공격이나 타격을 막음으로써 지키다', '방어하여 지키다' 등의 의미로 쓰인다.

I slipped on my boots and grabbed a coat to defend myself from the cold outside.

나는 급히 부츠를 신고 코트를 입어 바깥 추위를 막기 위해 무장했다.

- **slip on** 재빨리 입거나 신다
- **grab** 급히 입다

forgo

욕구를 포기하다, 권리를 포기하다

어원은 for-(= away) + go(= go)로, '포기하고 가
버리다'의 의미이다. 이에 더해서 die(죽다), give
up the ghost(죽다, 멈추다) 등의 뜻도 포함한다.
실제로는 '하고 싶은 욕구를 포기하다', '자신의
권리를 포기하다' 등의 의미로 쓰인다.

Locking up behind me, I forgo the
lift and take the stairs.

나는 평소에 문단속을 하고 나서 엘리베이터를
포기하고 계단을 이용한다.

- **lock up** 문단속을 하다

scour

샅샅이 뒤지다

어원의 의미는 cleanse by hard rubbing(박박 문질러서 세척하다)이다. 그래서 '박박 문질러 닦다'의 의미로 쓰이지만, 여기에서 발전해 '뭔가를 샅샅이 뒤지다'라는 뜻도 표현한다.

There's been no word from him. I scoured the Internet and there was no news of an arrest.

그동안 그로부터 아무런 소식이 없었다. 나는 인터넷을 샅샅이 뒤졌지만 그가 체포되었다는 뉴스는 없었다.

- **word** 소식

scrabble

뒤지며 찾다

어원의 의미는 scratch(긁다)이다. 실제로는 '손가락으로 바닥을 긁듯이 하며 뭔가를 찾다', 즉 '손으로 이리저리 뒤지며 찾다'의 뜻으로 쓰인다.

I scrabbled around in my handbag for a tissue.

나는 핸드백에 손을 넣어 이리저리 뒤지면서 휴지를 찾았다.

rummage

뒤지다, 헤집으며 찾다

어원의 의미는 stow goods in the hold of a ship, 즉 '배의 짐 올려놓는 선반 안에 물건을 집어넣어 보관하다'이다. 이것이 나중에 '선반 위에 올려놓은 짐들을 헤집어 놓으면서 뭔가를 찾다'로 발전했고, 지금은 '주변을 엉망으로 흩어 놓으면서 뭔가를 뒤져 찾다'라는 의미로 쓰인다.

Breathing hard, he fell heavily into an armchair, where he rummaged in his pocket for a cigarette.

그는 숨을 거칠게 쉬며 안락의자에 털썩 주저앉아 주머니를 헤집어 담배를 찾았다.

lavish

아낌없이 주다

lavi-는 wash, 즉 '싹 씻어 내다'라는 의미이다. 그래서 '싹 씻어 내듯이 탈탈 털어서 아낌없이 다 주다'라는 의미로 쓰인다. 누군가에게 아낌없이 준다고 말할 때는 lavish something on someone 형태로 쓴다.

I bloomed under the focused attention she lavished on me.

나는 그녀가 내게 아낌없이 집중적으로 퍼부어 준 관심과 보살핌 아래에서 성장했다.

- **bloom** 성장하다, 혈색이 좋다, 꽃이 피다

bestow

수여하다, 주다

어원을 살펴보면 be-(= thoroughly, completely) + stow(= give)로, '완전히 주다'라는 뜻이다. 그래서 '주다, 수여하다'의 의미로 쓰이는데, 주로 '존경'의 의미로 뭔가를 준다고 할 때 사용한다.

The smile that she bestowed on me was filled with warmth and gratitude.

그녀가 내게 보낸 미소는 따뜻함과 감사의 마음으로 가득 차 있었다.

- **gratitude** 고마움, 감사

accord

부여하다, 주다

동사와 명사의 의미를 동시에 포함하는데, agree(동의하다), be in harmony(마음으로 서로 조화를 이루다)라는 뜻이다. 이것이 명사로 쓰일 때는 '서로 충분히 공감하는 차원에서의 동의'를 뜻하고 동사로 쓰이면 '마음으로 동의하고 공감하는 상태에서 뭔가를 부여하거나 준다'는 의미를 갖는다.

You can call me Jake. It's a little perk I accord to students who are old enough to be my father.

저를 제이크라고 부르셔도 됩니다. 제 아버지뻘 될 정도의 연세 드신 학생분들께 존경의 마음으로 드리는 작은 특전이죠.

- **perk** 특전

trial

재판, 공판

동사 try에는 '노력하다, 시도하다'의 의미 이외에도 '법원에서 재판하다'라는 의미도 있다. 따라서 그 명사형인 trial은 '법원에서의 재판'이라는 뜻으로 쓰인다.

The trial of him is in session in courtroom thirty-seven of the Supreme Court.

그에 대한 재판이 대법원 법정 37호에서 개정 중이다.

- **in session** 개정 중인
- **courtroom** 법정

acquit

무죄를 선고하다, 무죄 판결을 내리다

어원을 살펴보면 a-(= to) + quit(= free, clear), 즉 '자유롭게 하다', '혐의를 벗고 자유가 되다'의 의미를 띤다. 이것을 '법정에서 무죄 판결을 내리다'라는 의미로 사용한다.

He was famous for the fact that nearly all of his clients were acquitted.

그는 그의 고객 거의 대부분이 무죄 판결을 받았다는 사실로 유명했다.

convict

유죄를 선고하다

어원의 의미는 overcome in argument, 즉 '논쟁에서 이기다', '상대 설득에 성공하다'이다. 실제로는 '기소 검사의 입장에서 배심원을 설득해서 피고의 유죄를 선고하는 데 성공하다', 즉 '유죄를 선고하다'의 의미로 쓰인다.

He was convicted for the crimes that he had not committed; nonetheless, he is scheduled to be executed.

그는 자신이 저지른 적 없는 범행들로 유죄를 선고받았다. 그럼에도 불구하고 그는 사형에 처해질 예정이다.

- **be executed** 사형당하다

exonerate

무죄임을 밝혀 주다

어원을 살펴보면 ex-(= out, off) + onerate (= unload, oppress)이며, '짐을 내리다', '탄압에서 벗어나다' 등을 뜻한다. 여기에서 발전해 '무죄임을 밝히다'라는 의미를 나타낸다.

He had wanted me to not only defend him but fully exonerate him and restore his good name.

그가 내게 원했던 건 자신을 변호하는 것뿐 아니라 완전히 무죄임을 밝혀서 자신의 명성을 되찾게 해달라는 것이었다.

- **defend** 변호하다
- **restore** 되찾게 하다
- **good name** 명성

mayhem

폭력 상해

injury(부상), harm(피해), damage(손상) 등의 의미를 띤다. 심한 폭력을 휘둘러 사람을 다치게 하고 주변 물건들을 파괴하는 행위에 해당되는 범죄를 말할 때 사용하는 어휘이다.

He had been involved in dozens of crimes ranging from mayhem to murder, but no district attorney had ever been able to prove anything.

그는 그동안 폭력 상해에서 살인에 이르는 수십 건의 범죄에 연루되어 왔다. 그러나 무엇이라도 증명해 낼 수 있는 지방 검사는 아무도 없었다.

- **range from A to B**
  범위가 A에서 B에 이르다
- **district attorney** 지방 검사

bar examination
변호사 시험

명사 bar가 갖는 여러 의미 중에 '변호사직'이 포함된다. 그래서 일반적으로 bar examination이라고 하면 '변호사직을 얻기 위한 시험', 즉 '변호사 시험'의 의미가 된다.

She had passed the bar examination on the first try, while a third of those who had taken it with her had failed.
그녀는 변호사 시험을 한 번에 통과했다. 반면에 그녀와 함께 시험을 치른 사람들 중 3분의 1은 실패했다.

- **a third** 3분의 1

DUI
음주 운전

driving under the influence의 약자이다. 직역하면 '영향 하에서의 운전'이 되는데 여기서 '영향'이란 알코올의 영향을 의미한다. 따라서 '음주를 한 상태에서의 운전', 즉 '음주 운전'을 뜻한다.

His criminal record consisted of two DUIs and a bunch of speeding tickets.
그의 범죄 기록은 두 번의 음주 운전과 다수의 과속 딱지로 이루어져 있었다.

- **criminal record** 범죄 기록
- **consist of** ~로 이루어지다
- **a bunch of** 다수의
- **speeding ticket** 과속 딱지

clemency
관용, 관대한 처분

어원의 의미는 calm, mild, 즉 '약하고 차분한'이다. 법적 처벌이 약하다는 뜻이 더해진 '관대한 처분', 또는 '관용'을 뜻한다.

The family is very much opposed to the idea of clemency.
그 가족은 범인에 대한 관대한 처벌 방안에 적극 반대하는 입장이다.

- **be opposed to** ~에 반대하다

charge

기소하다, 고소하다

어원의 의미는 load(짐을 싣다), put a burden on(무거운 부담을 주다)이고, 여기에서 발전해 '특정한 죄목으로 기소하다'의 뜻으로 쓰인다.

They're charging her with killing him.

그들은 그를 살인한 죄로 그녀를 기소할 예정이다.

probation

집행 유예

어원의 의미는 test(시험), proof(증명)이다. '범죄자에게 일정한 기간 동안 사고 없이 잘 넘어가는지 시험하고 증명할 수 있는 기회를 준다'는 것이다. 이것을 '집행 유예'라고 한다.

The prosecution wanted jail time, but I was able to get him probation.

검찰 측은 징역형을 원했지만, 나는 그가 집행 유예를 받게 할 수 있었다.

- prosecution 기소, 검찰 측
- jail time 징역형

sequester

배심원단을 격리시키다

어원의 의미는 place in safekeeping, 즉 '보호 안에 두다'이다. 그래서 '안전하게 보호하다', '안전하게 격리시키다' 등의 의미로 쓰이며, 특히 배심원단을 보호 격리시킬 때 사용한다.

This jury was sequestered from the beginning, locked away every night where no one could get to it.

이 배심원단은 처음부터 매일 밤 아무도 접근할 수 없는 외진 장소에 격리되어 머물렀다.

- jury 배심원단

execution

사형 집행

동사 execute의 어원은 ex-(= out) + ecute (= follow)이다. 즉, '끝까지 따라가다'라는 의미이다. 어떤 일을 처리할 때 중도에 포기하지 않고 끝까지 완수한다는 것이다. 그래서 흔히 '실행하다', '끝까지 해내다' 등의 뜻으로 쓰인다. 이에 더해서 중죄를 저질렀을 때 받을 수 있는 벌 중 최고의 형까지 끌고 간다고 해서 '사형하다'의 의미까지 갖게 되었다. 명사형인 execution은 '사형집행'을 의미한다.

The court order will remain in place, and the execution will go forward.

법원 명령은 실행 유지될 것이며 사형 집행은 예정대로 진행될 것이다.

- **court order** 법원 명령
- **remain in place** 실행 유지되다
- **go forward** 계획대로 진행되다

verdict

배심원단의 평결

어원의 의미는 ver-(= true) + dict(= say), 즉, '진실을 말하다'이다. 실제로는 '배심원단(jury)의 평결'을 뜻하며, 그 평결이 '진실의 소리'임을 믿는다는 의미가 담겨 있다.

His impact on the jury was not enough to have changed the verdict.

그가 배심원단에게 미치는 영향은 배심원단의 평결을 바꿀 정도는 아니었다.

- **impact** 영향

dismissal

기각

동사 dismiss의 어원을 살펴보면 dis-(= apart, away) + miss(= send, let go), 즉 '돌려보내다'라는 뜻이다. 실제로는 생각이나 제안을 '묵살하다', '일축하다', '해고하다' 등의 의미로 쓰며, 법정에서는 '증거 불충분으로 기각하다'라는 뜻으로 사용한다. 명사형인 dismissal은 '기각'이다.

The Supreme Court reversed his conviction and sent the case back for either retrial or a dismissal of the charges.
대법원은 그에 대한 유죄 판결을 뒤집고 재심이나 기소 기각의 목적으로 그 사건을 돌려보냈다.

- **Supreme Court** 대법원
- **reverse** 뒤집다
- **conviction** 유죄 판결
- **retrial** 재심
- **charge** 기소, 고발

discharge

석방하다

동사 charge가 '기소하다', '고소하다' 등의 의미이기 때문에 '반대'를 의미하는 접두사 dis-가 연결되어 discharge가 되면 '석방하다'라는 뜻이 된다.

They have to retry or discharge him.
그들은 그를 재심하거나 석방해야 한다.

- **retry** 재심하다

incarcerate

감금하다

어원의 의미는 imprisoned, 즉 '수감된'이다. 실제로는 put someone behind the bars, 즉 '감금하다', '투옥하다' 등 동사의 의미로 쓰인다.

He had already launched a civil claim against the city, seeking millions of dollars in damages during which he was falsely incarcerated.
그는 이미 시를 상대로 민사 소송을 시작했다. 자신이 부당하게 감금되었던 기간 동안 입었던 피해 보상금으로 수백만 달러를 청구했다.

- **launch** 착수하다, 시작하다
- **civil claim** 민사 소송
- **falsely** 부당하게

file

소송을 제기하다

기본적인 의미는 '문서를 정리해서 보관하다'이다. 여기에서 발전해 '서류를 잘 정리해서 소송을 제기하다'라는 의미로도 쓰인다. file for divorce (이혼 소송을 하다), file for bankruptcy(파산 신청을 하다), file charges against criminals (범죄자를 상대로 소송을 제기하다) 등의 표현이 가능하다.

They declined to file any charges, citing insufficient evidence of a crime.

그들은 어떤 소송 제기도 거절했다. 그 이유로 범죄의 증거 불충분을 들었다.

- **decline** 거절하다
- **cite** 이유나 예를 들다
- **insufficient** 불충분한

parole

가석방

어원의 의미는 word of honor, 즉 '서약'이나 '명예를 건 맹세'이다. 주로 감옥에 갇힌 죄수들과 관련해 사용하는 어휘인데, 예정보다 이른 시기에 출소를 시킬 경우, 자신의 명예를 걸고 다시는 죄를 짓지 않겠다는 서약을 받는다 하여 '가석방'의 의미로 쓰인다.

He was arrested, convicted at trial, and sentenced to life in prison without parole.

그는 체포되어 재판에서 유죄 판결을 받았고 가석방 없는 종신형을 선고받았다.

- **be sentenced to life in prison**
  종신형을 선고받다

defendant

피고

동사 defend는 '막다', '방어하다', 그리고 '피고를 변호하다'의 의미를 갖는다. 그리고 defendant 가 되면 '재판에서의 피고'를 의미한다. 반면에 소송을 제기한 '원고'는 plaintiff라고 한다.

A defendant has the right to demand a trial within a short time to avoid being held in prison for longer than necessary.

피고는 단시간 안에 재판을 요구할 권리가 있다. 필요 이상으로 오랫동안 수감되는 것을 피하기 위함이다.

- **be held in prison** 수감되다

appeal

항소

어원은 ap-(= to) + peal(= push, drive, thrust, strike)로, '적극적으로 밀어붙이다'라는 뜻이다. 실제로는 '관심이나 흥미를 끌다'의 의미로 쓰이며, 법적인 문제에 쓰이면 '항소하다'의 의미를 갖는 동시에 명사로도 쓰여서 '항소'의 뜻을 나타낸다.

You can take it up on appeal. That's your right. But it's not going to stop the trial.

당신은 얼마든지 그 문제를 항소할 수 있습니다. 그건 당신의 권리지요. 하지만 그로 인해서 재판이 멈추지는 않습니다.

동사구

make out

이해하다, 알아보다

동사 make에는 '만들다'뿐 아니라 '결정하다', '추측하다', '생각하다', '계산하다' 등 다양한 의미가 들어 있다. 부사 out은 '처음부터 끝까지'라는 의미이다. 이 두 단어가 합해져서 make out이 되면 '처음부터 끝까지 제대로 추측하다/생각하다'의 속뜻을 담아 '남의 말을 듣고 제대로 이해하다', '쓰여 있는 글씨를 제대로 알아보다' 등 '이해하다', '알아보다'의 의미로 흔히 쓰인다.

She heard him on the phone but couldn't make out what he was saying.

그녀는 통화하면서 그가 하는 말을 들었지만, 도통 무슨 말을 하는 건지 이해할 수가 없었다.

hammer out

머리를 짜내서 생각해 내다, 치열한 토의를 통해 문제를 해결하다

hammer가 명사로 쓰일 때는 '망치'이며 동사로 쓰이면 '망치로 치다'가 된다. 여기에 부사 out이 붙어서 hammer out이 되면 '생각의 망치로 치열하게 문제점을 두들겨서 결국 끝까지 해결책을 생각해 내다'의 의미를 나타낸다.

I'm meeting with them this afternoon to hammer out the deal points.

나는 오늘 오후에 그들을 만나서 합의점들을 어떻게든 찾아낼 거야.

work out

해결하다, 생각해 내다, 이해하다

동사 work의 근본적인 의미는 '작업하다'이다. 부사 out은 '끝까지'를 뜻한다. 따라서 work out 이라고 하면 '해결이 될 때까지 끝까지 작업하다' 라는 의미이다. 여기서 발전해 '풀리지 않는 문제를 해결하다', '답이 떠오르지 않는 복잡한 문제나 일을 치열하게 고민해서 생각해 내다', '이해되지 않는 문제나 상황을 끝까지 고민해서 이해하다' 등의 의미를 갖게 되었다.

Ever since they had arrived at the restaurant for lunch, he had been observing her, trying to work out what was different about her.

점심 식사를 위해서 식당에 도착한 이후 줄곧, 그는 그녀를 계속 주시했다. (뭔가 달라 보이긴 하는데) 도대체 뭐가 달라진 건지를 생각해 내기 위해서였다.

- **observe** 관찰하다, 주시하다

come up with

생각해 내다, 떠올리다

come up은 '가까이 다가오다', '어떤 일이 생기다', '떠오르다' 등의 기본 의미를 갖는다. 전에는 눈에 띄지 않던 뭔가가 다가온다는 느낌이다. come up with something 형태가 되면 '전에는 생각하지 못했던, 전혀 떠오르지 않았던 해답이나 아이디어를 가지고 다가오다'라는 의미가 된다. 그래서 '고민을 거듭하다가 결국 아이디어를 생각해 내다', '이유나 해답이 떠오를 때까지 생각해 내다' 등의 의미로 쓰인다.

I couldn't come up with a reason not to do it. So I did it.

그걸 하지 않을 명분이 떠오르지 않았어. 그래서 한 거지.

- **reason** 이유, 명분

get over

기억에서 완전히 지우다, 완전히 잊다

이 표현에서 동사 get은 '가다', '이동하다' 등의 의미이고 over는 부사가 아닌 전치사로 쓰이고 있다. '～를 넘어'의 뜻이다. 따라서 get over something의 형태가 되면 '～를 완전히 넘어가다'의 속뜻을 갖게 되어, get over difficulties 는 '어려움을 완전히 넘어 극복하다'라는 의미가 된다. someone을 이용하여 get over someone이라 하면 '누군가에게서 받은 슬픔이나 고통을 극복하고 그 사람을 기억에서 완전히 지우다'라는 의미로 이해한다. '아픔이나 좋지 않은 기억을 완전히 털어 내다'의 뜻으로 역시 get over something을 쓸 수 있다. 그래서 Get over it.이라고 하면 "그건 이제 그만 다 잊어(그리고 새 출발을 해야 지)." 정도의 의미가 된다.

> I still can't get over her. How am I supposed to live without her?
> 아직도 그녀를 잊을 수가 없어. 그 사람 없이 내가 어떻게 살아야 해?

puzzle out

뜻을 헤아리다, 생각해 내다, 골똘히 생각하여 찾아내다

명사 puzzle은 우리가 알고 있는 그대로 '퍼즐', '수수께끼'라는 뜻이며, 동사로 쓰이면 '혼란스럽게 하다', '이해할 수 없이 정신없게 만들다' 등의 의미를 나타 낸다. 여기에 '처음부터 끝까지'라는 의미의 부사 out이 연결되면 '혼란스럽게 만드는 일을 처음부터 끝까지 분석해서 수수께끼를 제대로 풀어내다'라는 뜻이 된다. 여기서 발전해 '퍼즐 풀듯이 하나하나 생각을 더듬어 ～의 뜻을 헤아리 다', '골똘히 생각해서 해답을 찾아내다' 등의 의미로 쓰인다.

> I strained to puzzle out the Spanish-language news on television, which was hopeless, since I knew not a word of Spanish.
> 나는 TV에서 스페인어로 나오는 뉴스를 이해해 보려고 애를 썼지만 그건 완전히 불가능한 일이었다. 나는 스페인어를 한 단어도 제대로 아는 게 없었기 때문이었다.
>
> • strain 안간힘을 쓰다

map out

세심히 계획하다

명사 map은 '지도', 또는 '약도'이다. map을 동사로 쓰면 '자세히 지도나 약도를 그리다'가 되고 '처음부터 끝까지'를 뜻하는 부사 out이 연결되어 map out이 되면 '처음부터 끝까지 자세히 계획하다'라는 의미가 생겨난다.

She thought about the future all the time. She had plans. She'd mapped out her future by seventeen.

그녀는 항상 미래에 대해서 생각했다. 그녀는 늘 계획이 있었다. 열 일곱 살이 될 즈음에는 이미 자신의 미래에 대하여 상세히 계획해 놓았다.

sleep on

시간을 갖고 ~를 생각해 보다

on은 '~에 대해서'라는 의미의 전치사이다. '특별한 주제에 집중'됨을 의미한다. 누가 어떤 제안을 했을 때 '하루의 시간을 주면 생각을 좀 해 보겠다'는 의미로 사용하는 표현이다. sleep 때문에 굳이 '잠'과 연관시킬 필요는 없다. 그저 '하루의 시간'을 의미하는 정도로 이해하면 된다.

I'd like you to take their offer and at least sleep on it.

나는 네가 그들의 제안을 (무조건 거절하지 말고) 일단 받아들여서 적어도 하루 정도는 진지하게 생각을 좀 해 보면 좋겠는데.

dawn on

~를 깨닫게 되다

명사 dawn은 '새벽'을 의미한다. 새벽은 first appearance of light in the morning, 즉 '아침 빛의 첫 등장'을 뜻한다. 어둠을 뚫고 빛이 등장하는 것이다. 또 dawn이 동사로 쓰이면 '밝아오다', '분명해지다' 등의 의미를 갖게 된다. 여기에 '집중'을 의미하는 전치사 on이 연결되어 dawn on someone ~의 형태가 되면 '누구에게 ~한 사실이 분명하게 다가오다', '~를 분명히 깨닫게 되다' 등의 뜻을 표현한다.

As I stood before video cameras, bright lights and reporters, it finally dawned on me what a terrible mistake I had made.

많은 비디오 카메라들, 사방에서 비치는 밝은 빛들, 그리고 기자들 앞에 서 있는 동안 내가 얼마나 엄청난 실수를 저질렀는지 깨닫게 되었다.

dwell on

~를 곱씹다, ~를 곱씹어 생각하다

동사 dwell은 delay(미루다), remain, stay(계속 머물다) 등의 의미인데, '한 번 생각했으면 마무리 짓고 다음 생각으로 넘어가야 하는데 그러지 못하고 한 가지 생각에만 계속 머물러 있다'는 느낌을 나타낸다. 여기에 '집중'의 의미를 갖는 전치사 on과 함께 dwell on의 형태가 되면 '어떤 특정한 생각에서 빠져나오지 못하고 계속 곱씹어 생각하다'라는 뜻이다.

We should do something tomorrow to celebrate him, to remember the good things and not dwell on the sadness.

우리 내일 그를 기리는 뭔가를 하면 좋겠어요. 좋았던 일들은 기억하고 슬픔은 곱씹지 않기로 해요.

drum something into someone

주입하다

동사 drum은 '드럼을 치듯이 계속 두드리다'라는 의미이다. 전치사 into는 '~의 안으로'의 뜻이므로 이 두 단어가 합해져서 drum something into someone의 형태가 되면 '뭔가를 계속 두드려서 누군가의 안으로 들여보내다' 즉, '뭔가를 머릿속에 주입하다'라는 뜻이 된다.

My mom drummed that into me from when I was six years old.

우리 엄마는 그걸 제가 여섯 살때부터 저에게 계속 주입하셨죠.

We should do something tomorrow to celebrate him,
to remember the good things and not dwell on the sadness.

listen in

엿듣다

동사 listen은 '누가 하는 말을 신경 써서 듣다'라는 의미이다. 대화 상대에게 "I'm listening."이라고 하면 "지금 신경 써서 잘 듣고 있으니 계속 얘기해."라는 느낌을 나타낸다. 여기에 '안으로'라는 의미의 부사 in이 들어가서 listen in 이 되면 '누군가 하고 있는 대화 안으로 귀를 넣어서 열심히 듣다', 즉 '남의 말을 엿듣다'로 흔히 해석한다.

It was impossible to make a telephone call without him lurking somewhere in the background, trying to listen in.
전화만 했다 하면 그가 늘 뒤 어딘가에 숨어서 통화 내용을 엿들으려고 했다.

- **lurk** 숨어 있다
- **in the background** 눈에 띄지 않는 뒤에서

tune out

듣지 않다, 무시하다

동사 tune은 '소리를 듣기 위해서 주파수를 맞추거나 조정하다'의 의미이다. 여기에 부사 out이 연결되면 '주파수 조정을 멈추다'가 되어 '남이 하는 말을 전혀 듣지 않다', '남의 말을 무시하다' 등의 의미로 쓰인다.

I tuned out when they started to explain it to me.
나는 그들이 내게 그것에 대해 설명을 시작했을 때 아예 귀를 닫고 듣지 않았다.

talk through

설명하다

동사 talk는 '대화하다', 전치사 through는 '처음부터 끝까지 쭉'의 의미이다. 그래서 talk someone through something의 형태가 되면 '누군가와 대화를 통해서 무언가를 처음부터 끝까지 말하다'의 속뜻을 갖는다. 보통 '누군가에게 ~를 설명하다'로 해석한다.

She listened spellbound as I talked her through the procedure.

그녀가 넋을 잃고 듣는 동안 나는 그녀에게 절차를 처음부터 자세히 설명했다.

- **spellbound** 넋을 잃은
- **procedure** 절차

break off

갑자기 말을 멈추다

동사 break는 '깨지다' 이외에 '진행되던 흐름이 갑자기 뚝 끊어지다'라는 의미도 나타낸다. 여기에 '떨어져 나감', '제거' 등의 느낌을 전하는 부사 off가 더해져 break off가 되면 '연결되어 있던 부분이 분리되다', '계속 하던 말이나 일을 갑자기 멈추다' 등의 의미를 나타낸다.

She broke off and waved her hands in front of him as though erasing the unfinished sentence.

그녀는 하던 말을 멈추고 마치 끝맺지 않은 말을 지우려는 듯 그 사람 앞에서 손을 저었다.

make up

꾸며 내다, 말을 지어내다

동사 make의 대표적인 의미는 '전에 없던 것을 만들다'이다. 여기에 '완전히'를 뜻하는 부사 up이 연결되어 make up이 되면 '완전히 다른 것을 만들어 내다'의 속뜻을 갖는다. 이 의미를 토대로 make up을 그대로 쓰면 '화장하다'가 되며, make up an excuse는 '변명하다', make up a story는 '이야기를 만들어 내다' 등의 의미이다.

A He really did that?

B You think I'd make something like that up?

A 걔가 진짜 그런 짓을 했다고?

B 그럼 너는 내가 그런 얘기를 꾸며 낼 거라고 생각하니?

tap out
문자를 보내다

동사 tap은 '가볍게 톡톡 두드리다'라는 의미이다. 누군가의 시선을 끌기 위해서 그의 어깨를 톡톡 치거나 음악을 들으면서 발로 바닥을 가볍게 차는 것이 모두 tap이다. 컴퓨터 자판을 치는 것 또한 tap에 해당한다. tap out은 '컴퓨터 자판을 쳐서 그 내용을 누군가에게 보내다'가 되어 '메일이나 문자를 누군가에게 보내다'의 뜻이 되었다.

> I pulled my laptop from my bag and tapped out a chat message to him.
> 나는 가방에서 노트북을 꺼내어 그에게 메시지를 보냈다.

thumb through
급히 끝까지 훑어보다

동사 thumb은 '엄지손가락으로 움직이다'라는 뜻이고 through는 '처음부터 끝까지'의 의미를 내포한다. 일반적으로 책의 경우에는 페이지를 넘길 때 오른쪽에서 왼쪽으로 넘기기 때문에 엄지가 필요하지 않지만 낱장으로 정리되어 윗부분을 클립으로 고정시킨 보고서 같은 것을 읽을 경우에는 엄지손가락을 사용하게 된다. 천천히 자세히 읽을 때는 엄지와 검지를 이용하여 한 장 한 장 정성스럽게 넘기지만 빠른 속도로 중요한 부분만을 확인하기 위하여 넘길 때는 엄지만을 이용하여 휙휙 넘긴다. 이런 상황에서 thumb through가 탄생했다. 그렇다고 보고서에 한해서만 사용하는 표현은 아니고 책이든 신문이든 '넘기는 종류의 읽을거리'에 관해서는 모두 쓸 수 있다.

> He reached out for the report. After thumbing through it, he looked up. "I'm very impressed. This is fantastic."
> 그는 손을 뻗어 보고서를 쥐었다. 보고서를 휙휙 넘기며 빠른 속도로 끝까지 훑어본 후에 그는 고개를 들었다. "정말 감동이군. 대단한 보고서야."

leaf through

책을 대충 훑어보다, 대충 넘기면서 보다

명사 leaf에는 '나뭇잎' 이외에 '책의 낱장'이라는 의미도 있다. 이것이 동사로 쓰여서 leaf through가 되면 '책의 페이지를 처음부터 끝까지 한 장 한 장 대충 넘기면서 훑어보다'라는 의미이다.

They had leafed through their books as the two women spoke.

그들은 두 여성이 대화를 하는 동안 각자 책을 대충 넘기면서 읽었다.

get through

다 읽다, 끝내다, 완수하다

동사 get은 '이동'의 의미를 포함한다. 여기에 '처음부터 끝까지 관통'의 의미를 갖는 전치사 through가 연결되면 '처음부터 끝까지 이동하다'라는 의미를 나타낸다. 이것이 상황에 따라서 '책을 처음부터 끝까지 다 읽다', '어떤 일을 목표한 대로 처음부터 끝까지 완수하다' 등의 뜻이 된다.

He picked up the book on international real estate he'd gotten from the library on his way home that night. He knew it was going to take some very long nights and lots of concentration to get through it.

그는 그날 밤 집에 오면서 도서관에 들러 빌린 국제 부동산에 관한 책을 집어 들었다. 그는 아주 여러 밤에 걸쳐서, 그리고 매우 집중해야만 그 책을 끝까지 다 읽을 수 있을 거라는 사실을 알고 있었다.

scope out

자세히 살피다, 둘러보다

명사 scope는 '일이나 능력의 범위'를 의미한다. 이것이 동사로 쓰이면 '시선의 범위 안에서 자세히 둘러보거나 살피다'의 의미를 갖는데, 여기에 '처음부터 끝까지'를 의미하는 부사 out이 연결되면 '자세히'의 의미가 더욱 강조된다.

She was scoping out the street, looking for her taxi, when her phone rang. Unknown number.

그녀는 거리를 자세히 살피며 택시를 찾았다. 그때 그녀의 전화가 울렸다. 모르는 번호였다.

drink in
만끽하다, 마음껏 즐기며 보다, 황홀경에 빠지다

아름다운 것을 보고 그냥 지나칠 수 없어서 그 아름다움을 마음껏 즐긴다는 의미이다. 달리 표현하면 enjoy fully가 된다. 아름다운 경치를 보면 '눈에 담아 가고 싶다'라는 말을 할 때가 있는데 바로 그런 경우이다. drink in 그대로 이해하자면 '눈으로만 즐기기는 아깝고 저 장관을 송두리째 마셔서 위에 담아 가다'와 같은 느낌이다.

As they pulled into the driveway of the country club, she drank it all in.

그들이 컨트리 클럽의 자동차 진입로에 도착했을 때 그녀는 그곳의 아름다움에 완전히 감동하여 어쩔 줄 몰랐다.

- **pull into** ~에 도착하다

stare someone out
계속 노려보아 상대가 당황해서 고개를 돌리게 하다

동사 stare는 '빤히 쳐다보다', '노려보다' 등의 의미이다. 부사 out은 '끝까지'의 뜻을 나타낸다. 이 두 단어가 합쳐져서 stare someone out의 형태가 되면 '누군가의 눈을 끝까지 빤히 쳐다보다'의 속뜻을 갖는데, 여기에서 '끝까지'는 '상대가 내 눈을 피해서 고개를 돌릴 때까지'를 의미한다. 따라서, 이 표현은 '상대의 눈을 계속 빤히 쳐다보아 결국 상대가 시선을 돌리게 만들다'라는 의미이다.

There was almost a menacing chastisement to her tone. I felt myself stiffen. She stared me out.

그녀는 거의 위협적인 말투로 질책하듯이 얘기했다. 나는 몸이 경직되는 느낌이었다. 그녀가 나를 계속 빤히 쳐다봐서 나는 결국 고개를 돌렸다.

- **menacing** 위협적인
- **chastisement** 응징, 질책
- **stiffen** 경직되다

stumble on
우연히 발견하다, 우연히 찾다

동사 stumble은 '발을 헛디디다', '비틀거리다', 또는 '말을 더듬다'라는 뜻이다. 이런 상황은 의도된 것이 아니라 '실수로' 그렇게 됐다는 느낌과 '우연성'이 깔려 있다. 전치사 on은 방향을 가리키며 '~ 쪽으로'의 뜻이다. 따라서 stumble on은 '몸을 움직이다가 의도치 않게 우연히 ~ 쪽으로 향하게 되다'라는 속뜻을 갖게 되고, 이것이 '걷다가 우연히 ~를 발견하거나 찾게 되다'의 의미로 쓰인다.

I stumbled on a large coffee shop, in which a lot of people had already congregated.

나는 길을 걷다가 우연히 커다란 커피숍을 발견했는데 그 안에는 이미 많은 사람들이 모여 있었다.

- **congregate** 모이다

root through

뒤지다

명사 root는 '뿌리'이고 동사로 쓰이면 '뿌리까지 파헤치다', '바닥까지 뒤지다' 등의 의미이다. 여기에 '~의 처음부터 끝까지'를 뜻하는 through 가 연결된 root through는 '뭔가를 찾기 위해서 좌우 바닥까지 샅샅이 뒤지다'라는 의미를 나타낸다.

While I was having a bath, he went in my room and rooted through my things.

내가 목욕하는 동안 그는 내 방으로 들어와 내 물건들을 샅샅이 뒤졌다.

turn up

도착하다, 나타나다

동사 turn의 기본 의미는 '(방향을) 돌리다', '(특정한 방향으로) 돌다'이다. 여기에 '완전히'를 뜻하는 부사 up이 연결되어 turn up이 되면 '방향을 돌려 특정 장소에 완전히 도착하거나 나타나다'라는 의미이다. 그래서 '약속 장소에 도착하다', '약속은 하지 않았지만 특정 장소에 도착하다' 등의 의미로 쓰인다.

As I turned up on time to meet her, I found that she was already there with him.

내가 그녀를 만나러 정시에 도착했을 때 그녀는 이미 그와 함께 그곳에 와 있었다.

swing by

잠깐 들르다

구어에서 매우 자주 쓰이는 표현이다. 동사 swing은 '앞뒤로 흔들다', '방향을 바꾸다'라는 의미이다. 따라서 swing by라고 하면 '원래 가던 길이 있는데 그 길의 방향을 바꿔서 잠깐 들르다'의 뜻이다. '잠깐 들르다'라는 의미로 우리가 흔히 배우는 drop by는 방향 전환의 의미는 없이 그냥 '잠깐 들르다'라는 뜻만 있을 뿐이다. 또 같은 의미로 stop by도 자주 쓰는데, 여기서 stop은 '목적이 있어서 멈추다'의 느낌이다. 따라서 stop by는 '할 말이나 용무가 있어서 잠깐 들르다' 정도로 이해하면 된다.

On a whim, I decided to swing by Walmart on the way home from school.

충동적으로 나는 학교가 끝나고 집으로 가는 길에 (방향을 살짝 틀어서) 월마트에 잠깐 들르기로 했다.

- on a whim 충동적으로

nip into

후다닥 들르다, 잠깐 빨리 들르다

영국 속어에 해당되는 표현이다. 원래 명사 nip 에는 '빠른 속도로 한 입 물기', '음료를 홀짝 마시기' 등의 의미가 들어 있다. 핵심은 '빠른 속도' 와 '적은 양'이다. 이런 명사의 의미를 살려서 특히 영국에서는 nip into, 또는 nip to를 '빨리 ~에 들르다', '빨리 다녀오다' 등의 뜻으로 사용한다. 예를 들어 그 들르는 곳이 '가게'라면 '가게에 들러서 아주 적은 양의 물건이나 음식을 사서 후다닥 돌아오다'라는 뜻을 나타낸다.

Can you just wait here? Let me nip into the store and get some cookies.

너 여기서 잠깐 기다려 줄래? 저 가게에 잠깐 들러서 쿠키를 좀 사 올게.

drift away

가 버리다, 사라지다

동사 drift는 '표류하다', '서서히 이동하다' 등의 의미이다. 부사 away는 '눈에 보이지 않게 사라진' 의 뜻이다. 이 두 단어가 연결되어 drift away가 되면 '서서히 이동하다가 눈에 보이지 않게 사라지다', 즉 '가 버리다, 사라지다' 등으로 해석한다.

He stood around, had a few cigarettes, and drifted away after a couple of hours.

그는 우두커니 서서 담배를 몇 대 피우다가 두세 시간 후에 사라졌다.

- **stand around**
  하릴없이 우두커니 서 있다

head off

자리를 뜨다

동사 head는 '특정한 방향으로 가다'이다. 방향과는 무관하게 그저 가는 행위만을 뜻하는 go와는 다른 개념이다. 부사 off는 '붙어 있는 자리에서 떨어져 나감'을 뜻한다. 그래서 head off는 '특정한 곳으로 가려고 머물던 곳에서 움직이다', '자리를 뜨다' 등의 의미를 갖는다. 특히 head off to라고 하면 '일어나서 ~를 향해서 가다'의 뜻이다.

I grabbed my books, notebooks and the bag of laundry, deciding to head off to the laundromat.

나는 책과 노트, 그리고 세탁물이 든 가방을 움켜쥐고 빨래방으로 가기로 결정했다.

empty out

텅 비다, 사람들이 다 떠나다

empty가 형용사로 쓰이면 '비어 있는'이고 동사로 쓰이면 '비우다, 비다'의 의미이다. 여기에 '끝까지'의 의미를 갖는 부사 out이 연결되어 empty out이 되면 '하나도 남김 없이 끝까지 완전히 비다'라는 뜻이다. 그래서 The place emptied out in an instant.라고 하면 '그 장소는 순식간에 텅 비었다 = 사람들이 순식간에 그 장소에서 다 떠났다.'로 해석하면 된다.

At the entrance to the ballroom, she looked around. The dinner tables were emptying out.

무도회장 입구에서 그녀는 둘러보았다.
저녁 식사용 테이블에 앉아 있던 사람들은 모두 자리를 비우고 있는 상태였다.

flag down

멈춰 세우다, 불러 세우다

명사 flag는 '깃발', 동사 flag는 '깃발을 흔들어 관심을 끌다'라는 의미이다. 반드시 '깃발'이 아닌 '손'을 이용해도 같은 의미를 표현한다. 여기에 '아래로'를 뜻하는 부사 down과 함께 flag down이 되면 '깃발 또는 손을 흔들어 차를 세우다', '깃발이나 손을 흔들어 사람을 자기 앞에 불러 세우다' 등의 의미를 갖는다.

Before she even sat down, he flagged down a waitress, ordered a Bud for himself and a cocktail for her.

그녀가 앉기도 전에 그는 웨이트리스를 불러서 자기는 버드와이저 한 병, 그녀를 위해서는 칵테일을 한 잔 주문했다.

pull up

자동차를 멈추다

동사 pull은 '당기다', '끌다' 등의 의미이다. 이 어휘가 자동차와 연관되면 '차를 끌고 가다', 즉 '차를 운전하다'의 느낌을 갖는다. 또 뒤에 '완전히'라는 의미의 부사 up이 붙어서 pull up이 되면 '자동차를 완전히 끌고 가서 세우다', 즉 '자동차를 세우다'라는 뜻이다.

I was about to pull up at the traffic lights when he called.

신호등 앞에 차를 막 세우려던 참에 그가 전화했던 거야.

stick around

주변에 또는 한 곳에 머물다

동사 stick은 '어딘가에 들러붙다'라는 의미이고, 부사 around는 '주변에'라는 뜻이다. 따라서 stick around는 '주변에 붙어 있다'라는 뜻으로 '멀리 자리를 뜨지 않고 주변에, 또는 한 곳에 있다'는 의미를 표현한다.

A couple of witnesses stuck around, and I talked to them, but I figured I was just wasting my time.

목격자들 두어 명이 자리를 뜨지 않고 있어서 나는 그들과 대화를 나눠 봤으나 그냥 시간만 낭비하고 있다는 판단이 들었다.

lean out

몸을 밖으로 내밀다

동사 lean은 '기대다', '의지하다' 등의 의미에 더해서 '몸을 기울이다', '몸을 숙이다' 등의 뜻으로도 흔히 쓰인다. 물론 몸을 기울이거나 숙이는 이유는 쉬거나 의지하기 위한 것이다. 부사 out을 함께 써서 lean out이라고 하면 '몸을 기울여 밖으로 내밀다'라는 뜻이 된다.

She lowered her car window. She leaned out and pressed the green button.

그녀는 차창을 내렸다. 그녀는 몸을 기울여 밖으로 내밀고 녹색 버튼을 눌렀다.

ease sideways

옆으로 살짝 움직이다

동사 ease는 '편하게 해 주다'의 의미이다. 형용사 easy의 느낌이 살아 있다. 또 '다치지 않게 조심조심 움직이다', '상대에게 불편함을 주지 않게 천천히 움직이다' 등의 의미도 포함한다. '옆으로'의 의미를 갖는 부사 sideways가 더해지면 '상대가 불편하지 않게 옆으로 살짝 움직이다'라는 뜻을 나타낸다.

He sat down beside her. She eased sideways to make room for him.

그는 그녀 옆에 앉았다. 그녀는 옆으로 살짝 움직여서 그가 편히 앉을 수 있도록 공간을 만들어 주었다.

wave over

손을 흔들어 부르다

동사 wave는 '손을 흔들다', '손짓하다' 등의 의미이다. 손을 흔들 때의 움직임이 '파도, 물결' 등과 같아서 파생된 의미이다. 여기에 '너머', '건너' 등을 의미하는 부사 over를 연결하면 '이쪽으로 넘어오라고 손짓하다', '손을 흔들어 부르다' 등의 뜻이다.

She waved over a waiter.
"Gin and tonic," she said to him.

그녀는 손을 흔들어 웨이터를 불렀다.
"진토닉 주세요." 그녀가 웨이터에게 말했다.

wave away

손을 흔들어 몰아내다, 손을 흔들어 일축하다

동사 wave에 부사 away가 연결된 표현이다. away는 '시야에서 사라진', '자리에 없는' 등의 의미를 갖는다. 따라서 wave away는 '손을 흔들어 뭔가를 사라지게 하다', 즉 '손을 저어 거절하다/거부하다' 등으로 해석한다.

"Should you see a doctor?"
"Nah, no."
He waved away her concern.

"너 병원에 가야 되는 거야?"
"아니, 아니야."
그는 손을 내저어 그녀의 걱정을 일축했다.

- **concern** 염려, 걱정

She waved over a waiter.
"Gin and tonic," she said to him.

UNIT

4 일

MP3 **022**

lose oneself in

~에 열중하다, ~에 넋을 잃다

lose oneself를 직역하면 '자신의 본모습을 잃다'이다. 여기에 전치사 in이 추가되면 '~에 빠져서 자신의 본모습을 잃다', 즉 '정신을 차리지 못할 정도로 어떤 일에 깊이 빠져들다' 정도의 의미이다.

For almost an hour, she lost herself in slicing vegetables for stir-fry, and making his favorite teriyaki marinade.

거의 한 시간 동안 그녀는 볶음 요리용 야채를 써느라, 그리고 그가 가장 좋아하는 데리야키 양념장을 만드느라 정신이 없었다.

come along

생기다, 나타나다

부사 along은 '~와 함께'의 의미이다. 따라서 come along이 되면 '함께 가다/오다' 등의 뜻은 물론, '도착하다', '전에 없던 것이 생기다', '나타나다' 등의 의미까지 포함한다. 특히 '엄마 뱃속에 있던 아이가 엄마와 함께 드디어 세상 밖으로 모습을 드러내며 도착하다'의 속뜻을 바탕으로 '태어나다'라는 의미까지 표현한다.

I adored my husband. But I guess nothing stays the same. Now things are different. Children come along. Things become routine.

남편을 정말 사랑했어요. 하지만 그 무엇도 변함없이 그대로일 수는 없는 것 같아요. 지금은 상황이 다르죠. 아이들도 태어나고, 여러 가지 상황들이 그냥 평범한 일상이 되어 버리고요.

break out

발생하다, 일이 터지다

동사 break는 '깨지다, 부서지다' 등의 의미와 '틈이 벌어지다', '특정한 뉴스가 터지다' 등의 뜻을 나타낸다. 모두 '잠잠하던 것이 깨지고 터지다'라는 느낌을 내포한다. 여기에 '밖으로 알려져'의 의미를 갖는 부사 out과 함께 break out이 되면 '모든 사람들이 알 수 있도록 어떤 일이 발생하거나 터지다'의 뜻으로 쓰인다.

The flame broke out on the engine. It had clearly been caused by a fuel leak.

엔진에서 불길이 일었다. 그건 분명 연료 유출로 인한 것이었다.

get to

착수하다, 처리하다

동사 get의 의미는 다양한데, 그중에는 '도착하다'도 포함된다. 여기에 도착 지점을 나타내는 전치사 to가 연결되어 get to가 되면 '~에 도착하다'의 의미이다. 이런 물리적인 의미 이외에 '어떤 일에 도착하다', 즉 '어떤 일에 착수하다', '어떤 일을 처리하기 시작하다' 등의 뜻도 표현한다.

A What exactly happened in that park?

B I'll get to that later. Can I crash on your floor tonight? Haven't slept in a day.

A 정확히 그 공원에서 무슨 일이 있었던 거야?

B 그 얘기는 지금 말고 나중에 하도록 하자. 오늘 밤 너희 집 마루에서 좀 잘 수 있을까? 내가 하루 종일 잠을 못 잤어.

- **crash** (평소에 자는 곳이 아닌 곳에서) 자다

get down to something

～에 착수하다

get down은 말 그대로 '내려가다'이며 '이상적인 이야기만 하면서 공중에 붕 떠 있다가 아래로 내려와 현실적인 이야기를 하다'라는 느낌을 담고 있다. 그 현실에 해당되는 내용이 to 이하에 연결되어 get down to something의 형태가 된다. 이 표현은 실제로 '어려운 문제, 또는 많은 시간이나 에너지를 요하는 일을 시작하다', '본격적으로 문제 해결에 착수하다', '본격적으로 어떤 일을 시작하다', '해결해야 할 일에 착수하다' 등의 의미로 쓰인다. 앞서 살펴본 get to가 단순히 '시작하다', '착수하다' 등의 뜻이라면, get down to는 '본격적으로 착수하다'라는 뜻이 강조된 표현이다.

Now is the time to get down to it, she thought. Before he changes his mind.
지금이 바로 그 문제를 거론해서 해결해야 할 때다. 그녀는 생각했다. 그가 생각을 바꾸기 전에.

attend to

처리하다, 시중들다

동사 attend는 '～에 참석하다' 이외에 '주의를 기울이다'라는 의미도 나타낸다. 전치사 to는 '～에, ～ 쪽으로'라는 뜻이다. 따라서 두 단어가 합해져서 attend to가 되면 '～에 주의를 기울이다', 즉, '～에 신경 쓰다', '～를 처리하다', '～의 시중을 들다' 등의 의미를 전한다.

I've got my own business to attend to. I'm on the brink of getting a hot new ad agency to sign a contract.
나는 지금 당장 신경 써야 할 내 일이 있어. 요즘 인기 있는 새로운 광고 회사와 계약 직전이라고.

- on the brink of ～의 직전에
- ad agency 광고 회사

stave off

피하다, 막다

명사 stave는 '말뚝'을 의미한다. 이것이 동사로 부사 off와 함께 쓰여 stave off의 형태를 이루면 '말뚝을 박아서 ~의 접근을 막다'라는 뜻이 된다. 이 뜻이 확장되어 '좋지 않은 일을 피하다', '좋지 않은 일이 생기는 것을 막다' 등의 의미로 쓰인다.

If you want to stave off a cold, you should drink plenty of water and take a good rest.

감기에 걸리지 않으려면 물을 많이 마시고 충분한 휴식을 취해야 한다.

put aside

무시하다, 제쳐 두다

동사 put은 '두다', 부사인 aside는 '옆으로', '한쪽으로', '따로' 등의 의미이다. 따라서 put aside는 '한쪽으로 치워 두다'라는 뜻이 되어, '옆으로 제쳐 놓다', '당장은 신경 쓰지 않다', '무시하다' 등의 의미로 자주 쓰인다.

It's important for you to put all that aside and think about what actually happened.

지금 너에게 중요한 건 그것에는 신경 쓰지 말고 실제로 있었던 일에 대해서만 생각하는 거야.

come out

발행되다

단어 의미 그대로 '밖으로(out) 나오다(come)'가 기본 뜻이다. '안에 있던 사람이 밖으로 나오다'의 의미를 살려서 "Can you come out?" 하면 "지금 좀 나올 수 있겠니?"라는 뜻을 전한다. 정기적으로 발행되는 잡지의 경우에는 밖으로 나온다는 개념이 '발행되다'의 의미로 쓰인다.

The magazine comes out twice a year. Do you know it?

그 잡지는 1년에 두 번 발행돼. 그 사실을 알고 있어?

split up

이혼하다, 헤어지다

동사 split는 '분열되다', '갈라서다' 등의 의미이다. 여기에 '빈틈없이 완전히'라는 의미의 부사 up이 연결된 split up은 '완전히 갈라서다', '이혼하다', '완전히 헤어지다' 등의 의미가 된다.

Your parents split up after you vanished. Your mother had a nervous breakdown.

너의 부모님은 네가 갑자기 사라진 후에 완전히 갈라서셨어. 어머니는 신경 쇠약에 걸리셨고.

- **vanish** 갑자기 사라지다
- **nervous breakdown** 신경 쇠약

pick on

괴롭히다, 집적거리다

동사 pick에는 '고르다', '선택하다' 등의 의미가 포함되어 있다. 전치사 on은 '~에 집중한', '~에 관한' 등의 뜻이다. 이 두 단어가 합해져서 pick on이 되면 '~를 집중적으로 선택하다'라는 뜻이 생겨난다. 여기에서 발전해 '~를 선택하여 집중적으로 공격하거나 괴롭히다'의 의미가 되었다. 누군가를 부당하게 대우한다는 느낌이다.

A What's all this about?

B Nothing, nothing. The guy just picks on me, that's all.

A 이게 다 무슨 얘기야?

B 아무것도 아니야. 아무것도. 그 남자가 나한테 좀 집적거리고 괴롭힌다는 얘기야. 그게 다야.

side with

~의 편을 들다

동사 side는 '싸움이나 논쟁에서 누군가의 편을 들거나 누군가를 상대로 논쟁하다'의 의미이다. 여기에 '동조'의 속뜻을 갖는 전치사 with가 더해져서 side with가 되면 '논쟁이나 싸움에서 ~의 편을 들다'라는 뜻이 된다.

A She always sides with the parents.
B That's not true.

> A 쟤는 항상 부모님 편만 들어.
> B 그렇지 않아.

tag along

따라가다, 따라다니다

명사 tag는 '꼬리표'에 해당하며 이것을 동사로 쓰면 '꼬리표를 붙이다'가 된다. 여기에 '함께', '따라서' 등의 의미를 갖는 부사 along이 연결되어 tag along이 되면 '꼬리표를 붙인 것처럼 뒤에서 졸졸 따라다니다'의 의미이다.

She was never a burden to me, but in high school my friends were always pushing me to leave her behind, not let her tag along.

그녀는 결코 저에게 짐이 아니었어요. 그런데 고등학교 다닐 때 친구들은 항상 그녀를 떼어 놓고 다니라고 다그쳤죠. 졸졸 따라다니게 하지 말라고요.

- **burden** 짐, 부담
- **push** 다그치다

give in

굴복하다, 질병·유혹 등에 무너지다

동사 give는 '주다'라는 의미 이외에 '생각을 굽히다'라는 뜻도 나타낸다. 여기에 '안으로'의 의미를 갖는 부사 in이 연결되면 '자신의 생각을 굽히고 상대의 뜻 안으로 굽히고 들어가다'라는 의미가 만들어진다. 상대의 무력이나 협박, 요구 등에 '굴복해서' 자신의 생각이나 의지, 또는 의견을 포기한다는 의미와 함께, 절망이나 질병, 유혹 등과 맞서 버티다가 결국 무너진다는 뜻까지 포함한다.

I know him. He is not a person who easily gives in to such a temptation.

난 그를 잘 알아. 그는 그런 유혹에 쉽게 넘어갈 사람이 아니야.

find someone out

~의 잘못을 적발하다

동사 find는 물리적으로 '뭔가를 찾다, 발견하다'의 의미로 흔히 알려져 있다. 여기에 '끝까지'라는 의미를 갖는 부사 out이 연결되어 find out의 형태로 쓰이면 '어떤 사실을 끝까지 알아내다', '밝히다' 등의 의미가 된다. 또 find someone out은 '누군가의 잘못을 끝까지 찾아서 적발하다'이다. 이 표현이 수동형으로 쓰여서 be found out이 되면 '적발되다'의 뜻이다.

"What are you looking at?"
I quickly minimized the browser window.
"Nothing."
"It's not nothing. I saw you looking at a picture."
I was found out.

"당신 뭐 보고 있어?" 나는 재빨리 검색 창을 축소했다. "아무것도 아니야." "아무것도 아닌 게 아닌데. 당신이 사진을 보고 있는 걸 내가 봤는데." 난 제대로 적발됐다.

• minimize 축소하다

lash out at

맹렬히 비난하다

명사 lash는 '채찍질'을 뜻한다. 이것이 동사로 쓰이면 '채찍질하다'가 되고, '화가 나서 채찍질하듯이 남을 몰아세우다'라는 의미가 파생된다. '끝까지'라는 의미의 부사 out이 lash에 연결되어 lash out이 되면 '남을 사정없이 몰아세우다'가 되고, 그 대상을 명시할 필요가 있으면 '공격 목표'에 해당되는 전치사 at을 써서 lash out at ~이라고 쓴다.

Was that why she was lashing out at me?

그래서 그녀가 나를 그렇게 맹렬히 비난했던 거였어?

defer to

~의 의견에 따르다

동사 defer는 '연기하다', '미루다' 등의 의미인데, 어원을 보면 de-(= away from) + fer(= carry), 즉 '엉뚱한 곳으로 멀리 가져가다'라는 뜻이다. 가야 할 곳으로 가지 않고, 해야 할 일을 제때에 하지 않은 채 엉뚱한 행동을 한다는 것이다. 하지만 아무리 미루고, 딴짓을 해도 결국 해야 할 일은 반드시 하게 되어 있다. 그래서 defer to는 '~의 의견이나 말에 따르다'의 의미를 나타낸다.

He is a toady who defers to her on every point.

그는 모든 면에서 그녀의 의견과 생각에 따르는 아첨꾼이다.

• toady 아첨꾼

get away with
나쁜 짓을 하고도 무사히 빠져나가다

동사 get은 '가다', '이동하다' 등의 의미를 나타내며 부사 away는 '눈에 띄지 않는 곳에/곳으로'의 뜻이다. 그래서 get away는 '도망가다, 도주하다' 등의 의미가 된다. 원래 get away with murder라는 표현이 있는데, 직역하면 '살인을 저지르고 도망가다'이다. 여기에서 흔히 murder가 생략되고 그 자리에 '나쁜 짓'을 상징하는 명사나 동명사가 쓰여 '나쁜 짓을 하고도 처벌을 받지 않고 무사히 넘어가다'의 의미로 쓰이고 있다.

Someone's gone on a spending spree with my card and they thought they would just get away with it.

누군가 내 카드를 마구 긁고 다닌 거야. 그래 놓고 아무 탈 없이 잘 넘어갈 거라고 생각했겠지.

- go on a spending spree
  돈을 마구 쓰면서 다니다

put someone through something
누군가 ~를 겪게 하다

동사 put은 '~를 놓다', '~를 하게 하다' 등의 의미이다. 전치사 through는 '~를 처음부터 끝까지 통과하여'라는 뜻이다. 따라서 put someone through something의 형태가 되면 '누군가 ~를 처음부터 끝까지 경험하도록, 또는 겪도록 시키다'의 의미를 나타낸다.

You can't imagine what torture he put me through.

그가 내게 어떤 고문 같은 일을 겪게 했는지 너는 상상도 못할 거야.

- torture 고문

throw on

옷을 급히 걸치다

보통 '옷을 입다', '몸에 걸치다'라고 할 때는 put on을 쓴다. 동사 put은 '놓다'의 의미이고 on은 부사로 쓰여 '몸 위에 걸쳐서'라는 뜻이다. 그래서 put on을 '몸 위에 뭔가를 놓다 = 몸 위에 걸치다'로 이해한다. 그런데 put 대신에 '던지다'를 뜻하는 throw를 사용하면 '옷을 던지듯이 몸에 걸치다', 즉 '옷을 급히 입다, 걸치다'가 된다. 결국 throw는 옷 입는 동작에 '속도감'을 더해 준다.

She quickly dried off, threw on pajama bottoms and a sweatshirt.

그녀는 빠른 속도로 몸을 말리고 파자마 바지와 운동복 상의를 급히 걸쳤다.

- **dry off** 몸을 말리다
- **sweatshirt** 운동복 상의

freshen up

매무새를 다듬다, 몸단장을 하다

형용사 fresh는 '신선한', 동사 freshen은 '새롭게 하다', '산뜻하게 하다'의 의미이다. 여기에 '완전히'를 뜻하는 부사 up이 연결된 freshen up은 '몸을 완전히 새롭고 산뜻하게 다듬다'라는 뜻이다. 그래서 '산뜻하게 몸단장하다', '매무새를 다시 한번 다듬다' 등의 의미로 쓰인다.

She looked at her watch and saw that she had twenty minutes to finish and freshen up before his arrival.

그녀는 시계를 보고 그가 도착하기 전 일을 마무리하고 새로 깨끗이 몸단장할 시간이 20분 남았음을 확인했다.

dig into

~를 열심히 먹기 시작하다

동사 dig은 '파다', '파내다' 등의 물리적인 의미에서 시작되어, '안으로'라는 의미의 전치사 into와 결합해 dig into의 형태가 되면 '정보나 비밀을 열심히 파헤치다'라는 뜻까지 표현하게 된다. 또 음식을 dig into 한다면 '앞에 놓인 음식을 마치 비밀을 파헤치듯이 열심히 먹기 시작하다'라는 뜻이다. 구어체 문장에서 흔히 쓰인다.

Their food arrived, and she dug into the cheeseburger as if she hadn't eaten in days.

그들의 음식이 배달됐고, 그녀는 치즈버거를 치열하게 먹기 시작했다. 마치 며칠 동안 못 먹은 사람처럼.

polish off

음식이나 음료를 다 먹어 치우다

동사 polish는 '윤이 나도록 닦다'라는 뜻이다. 여기에 '떨어져 나가는'을 의미하는 부사 off가 연결되어 polish off가 되면 '하나도 남김 없이 떨어져 나가 윤이 날 정도이다'의 의미를 나타낸다. 여기에서 발전해 일반적으로는 '할당된 일을 완전히 끝내다', '접시나 식탁에 있는 음식이나 음료를 하나도 남김 없이 다 먹다' 등의 의미로 흔히 쓰인다.

She polished off the cookie and dusted flour from her fingertips.

그녀는 쿠키를 다 먹어 치우고 손가락 끝에 묻은 가루를 털어 냈다.

- **dust** 털어 내다
- **flour** 가루, 밀가루

double over

고통으로 허리를 굽히다, 너무 웃겨서 허리를 구부려 배를 잡고 웃다

동사 double에는 '두 겹이 되게 접다'라는 의미가 있다. 부사 over는 '완전히 다 덮이게'라는 뜻이다. 앉은 상태에서 고통이 심해서 배를 잡고 허리를 굽히면 상체와 하체가 완전히 포개지는 모습이 된다. 이 모습을 double over라 말하며, 통증 때문에 허리를 굽힌다는 의미 외에 '배꼽을 잡고 웃다'라는 뜻으로도 쓰인다.

He punched me twice in the stomach. I doubled over and fell to the ground.

그가 내 배를 주먹으로 두 번 때렸다. 나는 고통으로 허리를 굽히고 땅에 쓰러졌다.

tamp down

억누르다

동사 tamp는 '가볍게 두드려서 눌러 넣다'의 의미이다. 여기에 '아래로'를 뜻하는 부사 down을 연결하여 tamp down이라고 하면 '부드러운 소재를 위에서 눌러 내려 밀도가 높은, 즉 견고해진 상태로 만들다'라는 뜻을 나타낸다. 여기에서 발전해 '밖으로 새어 나오지 않도록 누르다', '감정을 조금씩 억누르다', '반항을 억압하다' 등의 의미까지 표현한다.

Tamping down a flare of irritation, she kept moving.

치밀어 오르는 짜증을 억누르면서 그녀는 계속 움직였다.

- **flare** 치솟음, 치밀어 오름
- **irritation** 짜증

worn out

(기운이 닳고 닳아서) 매우 지친

옷을 '입은 상태'를 말할 때 동사 wear를 쓴다. 부사 out은 '처음부터 끝까지'의 의미를 지닌다. 따라서 wear out은 '옷을 사서 끝까지 입다', 즉 '낡아서 더는 입을 수 없는 상태까지 입다'가 된다. wear ~ out의 형태를 이용해 ~ 자리에 옷을 넣어 말하면 '~을 해질 때까지 입다'가 되고, ~ is worn out이라고 하면 '~이 더 이상 입을 수 없이 해졌다'가 된다. 이 상황을 사람에게 적용하여 someone is worn out이라고 하면 '힘을 다 써서 몸이 너덜너덜해진 상태이다'라는 의미가 된다. 매우 피곤한 상태를 옷이 해진 것에 비유하여 나타내는 표현이다.

He looked at his own reflection for a moment. In the window glass, he looked thin and worn out.

그는 유리에 비친 자신의 모습을 잠깐 살펴보았다. 창유리에 비친 자신의 모습은 마르고 많이 지쳐 보였다.

- **reflection** 거울이나 유리에 비친 모습

wear out

**지쳐서 더는 움직이지 못하게 하다,
더는 입지 못할 정도로 완전히 해어지다**

앞서 살펴본 worn out의 동사 표현이다. 동사 wear는 '입다', '착용하다' 등의 뜻 이외에 '오랫동안 사용하여 닳다', '해어지다' 등의 의미도 나타낸다. 여기에 '끝까지'를 뜻하는 부사 out이 연결되면 '더 이상 쓰지 못하게 끝까지 완전히 닳다'가 된다. 만일 wear를 타동사로 써서 wear something out의 형태가 되면 '뭔가를 더 이상 못 쓸 정도로 닳도록 입다', wear someone out이 되면 '몸을 더 이상 가누지 못할 정도로 피곤에 지치도록 만들다'라는 의미를 나타낸다.

They battle all day, every day. It's wearing her out. She's lost weight. Isn't sleeping.

그들은 종일 싸운다. 매일 쉬지 않고. 이로 인해 그녀는 거의 탈진 상태에 빠져들고 있다. 이미 살까지 빠졌다. 잠도 제대로 자지 못한다.

wiped out

녹초가 된, 기진맥진한

동사 wipe는 '닦다', '지우다'이다. '끝까지'를 의미하는 부사 out과 연결해 wipe out이라고 하면 '뭔가를 끝까지 닦고 지워서 없애 버리다'라는 의미이다. 이것을 사람에게 적용하여 wipe someone out이라고 하면 '그 사람의 에너지를 닦고 지워서 완전히 없애 버리다', 즉 '그 사람을 녹초로 만들다'가 된다. 그 사람의 입장에서 wiped out 되었다고 말하면 '힘이 완전히 사라져서 더 이상 움직일 수도 없는 상태', 즉 '녹초가 된 상태'임을 의미한다.

I have to change out of my clothes into something comfy. I'm wiped out.

옷을 좀 편한 옷으로 갈아입어야겠다. 나 지금 너무 피곤해.

- **comfy** (comfortable의 줄임말) 편안한

turn in

잠자리에 들다

17세기부터 19세기 사이에 선박에서 탄생한 표현이다. 당시에는 배가 작고 비좁아서 별도로 침상(bunk)이란 게 없었다. 침상의 대안으로 해먹(hammock)을 걸어 놓고 그 안에서 몸을 꼼지락거리며 자는 게 일반적이었다. '몸을 돌려 해먹 안으로 들어간다'는 의미로 turn in을 썼고, 이것이 '잠자리에 들다'라는 뜻으로 굳어져 지금까지 쓰이고 있다.

Too early to finish the night.
What do you say we have a glass
of wine before turning in?

이대로 밤을 마무리하기에는 너무 이르죠.
잠자리에 들기 전에 와인 한잔 어때요?

pass out cold

**너무 피곤해서 완전히 깊이 잠들다,
기절하듯 잠들다, 완전히 기절하다**

원래 pass out은 '의식을 잃고 기절하다'라는 의미이다. cold는 부사로 쓰일 때는 '완전히'라는 의미라서 직역하면 '완전히 의식을 잃고 기절하다'이다. 이렇게 정말로 기절한 경우에도 쓸 수 있지만, 몹시 피곤하여 깊이 잠들었을 때 '완전히 곯아 떨어졌다', '완전히 기절했다' 등의 말을 쓰듯이, 이 표현 역시 주로 그런 상황에서 사용할 수 있다.

I passed out cold as soon as I got
back home.

나는 집에 돌아오자마자 완전히 뻗었어.

put someone up
재워 주다

동사 put의 기본 의미는 '놓다'이다. 여기에 '위에'를 뜻하는 부사 up이 더해져서 put up이 되면 '위에 놓다'라는 대표 의미가 완성된다. 뭔가를 아래에 내려놓지 않고 위에 둔다는 것은 당장의 쓰임새보다는 나중의 필요성을 염두에 둔 예비적 행위로 보인다. 여기에서 발전해 '빈 자리를 뭔가로 채워 넣다'라는 추가 개념이 생성되었는데, '빈 공간을 여분의 사람으로 채워 넣다'라는 물리적 의미인 put someone up이 되면 '원래 그 사람을 위한 고정된 자리는 아니지만 필요에 의해서 빈 공간을 만들어 그 사람을 재워 주다'라는 의미가 된다. 이것을 간단히 줄여서 '누군가를 재워 주다'로 해석한다.

I have an unexpected visitor. She needs a place to crash for a few nights—and I'm going to put her up on my floor. Is there a spare mattress anywhere?

예기치 않은 손님이 찾아왔어. 며칠 동안 잘 곳이 필요하다 해서 우리 집 마루에 좀 재우려고. 어디 여분의 매트리스가 좀 있을까?

clean someone out
돈을 다 쓰게 만들다

동사 clean은 '청소하다'이고 부사 out은 '처음부터 끝까지'라는 뜻이다. 따라서 clean out이라고 하면 '뭔가를 완전히 깨끗이 치우다'의 의미를 갖는다. 여기에서 파생되어 clean someone out이라고 하면 '누군가를 탈탈 털다'가 되어 '누군가가 돈을 다 쓰도록 만들다'라는 의미이다.

The shopping and eating had just about cleaned me out.

쇼핑도 하고 먹기도 하느라 돈을 거의 다 써 버렸어.

- **just about** 거의 다

eke out

겨우 생계를 이어가다

동사 eke의 기본 의미는 increase, 즉 '늘리다'이다. 부사 out은 '끝까지'의 의미라서 eke out이라고 하면 '적은 양을 오래 사용할 수 있도록 한 번에 조금씩 써서 오래도록 끝까지 버티다'라는 의미이다. 또 돈과 생계에 관련해 사용하면 '적은 돈으로 겨우겨우 생계를 이어가다'라는 의미를 나타낼 수 있다.

She realized she had enough money to eke out life for about a month.

그녀는 자신이 가진 돈으로는 약 한 달 정도밖에 버틸 수 없다는 사실을 깨달았다.

put through

누군가 ~에 계속 다니도록 학비를 대다

동사 put에는 단순히 '놓다'라는 의미 이외에 '상대를 그의 의지와 무관하게 어떤 상태로 밀어 넣다, 상대의 의지와 관계없이 그를 어떤 상황에 처하게 하다'라는 뜻이 있다. 여기에 '처음부터 끝까지 줄곧'을 의미하는 전치사 through가 연결되어 put someone through something의 형태가 되면 '누군가를 곤경에 처하게 하다'의 뜻이 되며, '당사자의 의사와는 관계없이 그가 교육을 끝까지 받도록 재정적인 지원을 하다'라는 의미로도 파생된다.

He takes care of his mother and is also working to put himself through college.

그는 어머니를 돌보는 중에 직장에 다니면서 스스로 대학 등록금을 마련하고 있다.

crank up

세게 돌리다, 세게 틀다

원래 crank는 '손잡이(handle)나 지렛대(lever)를 이용해서 뭔가를 돌리다'라는 의미이다. 초기의 자동차는 운전자가 운전대에 오르기 전에 지렛대를 돌려 시동을 걸어야 했다. 이것을 crank up the engine이라고 하는데, 지금은 물론 시동을 거는 것이 지렛대와는 무관하지만, 여전히 이 표현을 '시동을 걸다'로 즐겨 사용한다. crank up은 '어떤 기계를 돌려서 틀다'라는 뜻인데 up에 '완전히'라는 의미가 포함되어 있어서 '기계를 완전히 세게 돌려서 틀다'라는 의미를 나타낸다.

She got back in the car, cranked up the air conditioner.

그녀는 다시 차에 타서 에어컨을 세게 틀었다.

tuck away

숨기다, 보관하다

동사 tuck는 '단정하게 보이기 위해서 옷의 끝부분을 안으로 밀어 넣다', '보호하거나 숨기기 위해서 뭔가를 작은 공간 안에 집어넣다' 등의 의미이다. 여기에 '눈에 띄지 않게'를 뜻하는 부사 away를 연결하여 tuck away라고 하면 '뭔가를 눈에 띄지 않도록 안전한 곳에 숨기거나 보관하다'의 뜻이다.

She unloaded the film, tucked it away and reloaded.

그녀는 필름을 빼서 잘 보관한 다음 새 필름을 카메라에 넣었다.

- **unload** 카메라에서 필름을 빼다

5

관용표현

get on one's nerves
짜증 나게 하다

nerves는 '심리적으로 불안정한 상태'를 뜻한다. 따라서 get on one's nerves는 '심리적으로 불안정한 상태에 올라타다'가 되어서 '신경을 건드리다'라는 의미를 표현한다.

Stop getting on my nerves.
Either do your homework or peel some potatoes.
그만 좀 짜증 나게 하고, 숙제를 하든지 아니면 감자나 까.

have a chip on one's shoulder
태도나 행동에서 화 또는 불편함을 보이다

상대와 싸움을 하고 싶으면 어깨 위에 작은 나무 조각(chip)을 하나 올려서 한판 붙자는 표시를 했다는 19세기 미국인들의 풍습에서 유래한 표현이다. He has a chip on his shoulder.라고 하면 '그는 늘 싸울 준비가 되어 있다'가 되어 '그는 툭하면 싸운다', '그는 호전적이다' 등으로 해석하고, He has a chip on his shoulder about them.이라고 하면 '그는 그들에 관한 일이라면 늘 불만을 품고 호전적인 반응을 보인다' 정도로 해석할 수 있다.

It's so obvious that he had a chip on his shoulder about Americans.
아주 분명한 건 그가 미국인들에 대해서 매우 불편한 감정을 보였다는 것이다.

get under one's skin
짜증 나게 하다, 화나게 하다

직역하면 '누군가의 피부 아래로 들어가다'이다. 옷을 입은 상태에서 벌레가 몸에 들어가거나 몸에 가시가 박혔는데 그 벌레나 가시를 쉽게 빼낼 수 없을 때 느껴지는 감정을 나타내는 표현이다.

Don't let anybody get under your skin. Just hang in there.
누가 무슨 말을 해도 짜증 내지 말고 잘 버텨 봐.

• **hang in there** 힘들어도 버티다, 견디다

ruffle feathers

성가시게 하다, 괴롭히다

동사 ruffle은 '흐트러뜨리다'라는 의미이며 feather는 '새의 깃털'이다. 말 그대로 '새가 가만히 있는데 그 새의 깃털을 마구 흐트러뜨린다'고 하면 새의 입장에서는 얼마나 성가시고 짜증 나는 일일까? 그래서 '얌전히 가만히 있는 상대를 뜻밖의 일을 만들어 성가시게 하거나 괴롭히다'의 의미로 쓰이는 표현이다.

Your approach to the problem is so direct that it could ruffle a few feathers.

그 문제에 대한 너의 접근 방법은 너무 직접적이어서 약간의 동요가 있을 수도 있겠는걸.

off one's rocker

미친, 제정신이 아닌

명사 rocker는 '흔들의자'를 의미하므로 직역하면 '흔들의자에서 떨어진'이 된다. 보통은 흔들의자에 앉아서 의자가 뒤로 젖혀질 때 놀라기는 하지만 떨어지지는 않는다. 그런데 떨어졌다면 '제정신이 아닌 상태'로 본 것이다. 이 표현이 생긴 1890년대에 같은 의미의 off one's trolley라는 표현도 생겼다. trolley는 '전차(tram)'를 의미한다. 전차는 그 위 외부에 깔린 전기 케이블에 연결된 채로 이동한다. 전기 케이블은 운전석 위에 위치한 금속 손잡이에 연결되어 전력이 공급되는데 운행 중에 예기치 않게 연결 케이블이 떨어져 나가는 경우가 생기곤 했다. 그러면 전차가 급정거하는 바람에 전차에서 밖으로 떨어져 나가는 (off one's trolley) 사람이 가끔 있었다고 한다. 사실 급정거했다고 전차 밖으로 떨어져 나가는 일이 일반적인 건 아니라서 그런 사람을 좀 이상한 사람으로 본 것이다. 그래서 off one's trolley도 '제정신이 아닌'의 의미로 쓰인다. 이 두 표현이 동시대에 탄생하여 쓰였기 때문에 rocker와 trolley를 같은 개념으로 보기도 한다.

I can see you wondering if I'm off my rocker.

너 지금 내가 미친 거 아닌가 하고 생각하는 거잖아.

knock one down with a feather

몹시 놀라게 하다, 몹시 충격을 주다

knock down은 말 그대로 '때려서 눕히다'이다. 권투에서 상대의 주먹을 맞고 다운되었을 때 knocked down(녹다운) 되었다고 한다. 만일 knocked down 되어서 일어나지 못하면 knocked out, 즉 KO되었다고 한다. 그런데 with a feather, 즉 고작 '깃털 하나로' 녹다운이 되었다면 그 깃털이 얼마나 큰 충격을 주었길래 쓰러졌을까 상상하게 된다. 결국, '굉장히 충격을 주고 놀라게 하다'라는 의미로 쓰이는 표현이다.

A I came to see you to ask you if you'll marry me.

B You could knock me down with a feather.

> A 내가 자기 만나러 온 이유는 나하고 결혼해 줄 수 있냐고 묻고 싶어서였어.
>
> B 갑자기 사람을 이렇게 깜짝 놀라게 하고 그래.

have butterflies

긴장하다, 떨리다

원래 완전한 표현은 have butterflies in one's stomach이다. 직역하면 '뱃속에 나비가 있다'이다. 배에서 여러 마리의 나비가 펄럭인다고 상상하면 '가슴이 뛰는 느낌'이 연상된다. 그래서 '몹시 긴장하다'의 의미로 쓰이는 표현이다. 긴장의 강도가 높은 것을 표현하려면 big, small, little 등으로 나비의 크기를 조절할 수 있다.

It's time to ask her out. But how should I do it? Should I suggest dinner or lunch? Or maybe a movie? I have little butterflies.

지금이 바로 그녀에게 데이트 신청하기 딱 좋은 순간이다. 하지만 어떻게 해야 하는 거지? 저녁을 먹자고 해야 하나? 아니면 점심을? 아니면 영화를 보자고 할까? 좀 긴장된다.

get out of the wrong side of the bed

이유 없이 기분이 좀 그렇다(언짢다)

어원이 고대 로마 시대로 거슬러 올라가는 표현이다. 당시에는 미신(superstition)이 만연해(rampant) 있었다. 고대 철학자들은 모든 사물의 오른쪽(right side)을 긍정(positive)의 상징으로 생각했고, 반면에 왼쪽(left side, wrong side)을 '불길함(sinister)'과 '부정(negative)'의 상징으로 여겼다. 따라서 아침에 침대에서 내려올 때 오른쪽이 아닌 왼쪽으로 내려오면 아침부터 종일 불길하고 기분이 좋지 않으며 짜증 나는 하루가 이어진다는 미신이 있었던 것이다. 그런 이유로 지금까지 get out of the wrong side of the bed는 '아침부터 이유 없이 기분이 언짢다'의 뜻으로 쓰이고 있으며, get up on the wrong side of the bed 또는 wake up on the wrong side of the bed 등으로 변형되어 쓰이기도 한다.

> Can I call you back another time? I just got out of the wrong side of the bed.
> 내가 나중에 다시 전화해도 될까? 아침부터 이유 없이 기분이 별로라서 말이야.

feel like a heel

무기력해지다, 나약해지다

아킬레스(Achilles) 신화(mythology)에서 유래한 표현이다. 아킬레스는 그리스 신화에 등장하는 영웅이다. 미르미돈스(Myrmidons)의 왕인 펠리우스(Peleus)와 바다의 여신인 테티스(Thetis) 사이에 태어난 아킬레스는 그 누구도 따를 수 없는 용맹함과 외모를 갖춘 트로이 전쟁의 위대한 전사였다. 테티스는 아킬레스에게 어떤 칼이나 창도 뚫을 수 없는 백전불패의 용맹함을 갖추어 주기 위해 아킬레스가 어렸을 때 그의 몸을 스틱스 강(River Styx)에 살짝 담갔다가 꺼냈다. 그때 아킬레스의 발뒤꿈치(heel)를 잡고 있었기 때문에 그 손가락에 가려진 발뒤꿈치에는 스틱스 강물이 닿지 않아서 그 부분이 아킬레스의 치명적인 급소가 되고 말았다. 결국 아킬레스는 트로이의 왕자 패리스(Paris)의 독화살을 발뒤꿈치에 맞아 죽게 된다. 여기에서 유래되어 아킬레스건(Achilles' heel)이 '치명적인 약점'이라는 뜻으로 쓰이기 시작했고 feel like a (Achilles') heel은 '치명적인 약점을 공격당한 기분이 들다', 즉 '무기력해지다'의 의미로 쓰인다.

> The fact only made him feel like more of a heel.
> 그 사실로 인해서 그는 그저 더욱 무기력해지기만 했다.

(written) all over one's face

얼굴에 다 (써 있다)

우리말에도 있듯이 '얼굴 전체에 다 (써 있다)'라는 의미이다. '네가 무슨 생각을 하는지 말하지 않아도 얼굴에 다 써 있으니까 말할 필요도 없다'는 것이다. 원래는 written all over one's face이지만 written을 생략해서 쓰기도 한다.

A I didn't say that.

B You don't need to. It's all over your face. Fear not, I will be gone from your life very soon.

   A 난 그런 말 안 했는데.

   B 말할 필요가 있겠니. 네 얼굴에 다 써 있는데. 두려워 마라. 곧 네 인생에서 꺼져 줄 테니까.

make a face

인상을 쓰다

직역하면 '얼굴을 만들다'이다. 원래의 자기 얼굴이 아닌 다른 얼굴을 만든다는 것은 뭔가 좋지 않은 소리나 행동을 접했을 때 얼굴을 심하게 찡그리며 인상을 쓴다는 의미이다. 영국에서는 make 대신 pull을 써서 pull a face라고 주로 말한다.

I couldn't help but make a face at the smell and open the windows.

나는 그 냄새에 인상을 쓰면서 창문을 열 수밖에 없었다.

keep a clear head

정신이 맑은 상태를[냉정함을] 유지하다

clear head는 '혼탁하지 않은 맑은 머리'를 의미하므로 '유지하다'의 뜻인 keep과 연결되어 keep a clear head라고 하면 '맑고 깨끗한 정신 상태를 유지하다'가 된다. 결국 '흔들리지 않는 냉정한 상태'를 유지하고 있음을 뜻하기도 한다.

There's a press conference prior to the banquet tonight. I need to keep a clear head.

오늘 밤 연회에 앞서 기자 회견이 있어요. 그래서 맑은 정신 상태를 유지해야 합니다.

   • **prior to** ~에 앞서

   • **banquet** 연회, 만찬

kick up one's heels
편히 쉬다, 즐거운 시간을 보내다

직역하면 '양쪽 뒤꿈치를 차 올리다'이다. 두 발이 땅에서 떨어지는 것을 의미하는데, 이런 일이 벌어지는 대표적인 경우는 이렇다. 1) 기분이 좋아서 두 발을 땅에서 떼고 공중으로 펄쩍 뛰는 경우 2) 두 발을 바닥에서 떼고 소파나 마사지기, 또는 침대 위에 올리는 경우 3) 죽는 경우. 이 표현이 처음 생겼을 때는 바로 3)번을 의미해서 '죽다'라는 의미로 쓰였다. 그러나 지금은 그 의미로는 별로 쓰이지 않고 1)번과 2)번을 통합해서 '편히 쉬다', '스트레스를 풀기 위해서 마음껏 즐기다' 등의 뜻으로 주로 쓰인다.

Kick up your heels and have some fun. Your baby will be safe with us.
너도 맘 편히 좀 쉬면서 즐겨. 아기는 우리가 안전하게 돌볼 테니까.

in seventh heaven
아주 기분이 좋은, 매우 행복한

seventh heaven은 이슬람교와 유대교에서 말하는 천국의 가장 높은 단계에 해당한다. 그들은 이곳에 하나님이 거한다고 믿기 때문에 '그 무엇과도 비교할 수 없는 극도의 행복'을 말할 때 '일곱 번째 천국에 있다'는 표현을 사용한다.

Everything that would make her happy was happening. Why wasn't she in seventh heaven?
그녀가 행복해할 수밖에 없는 모든 일들이 벌어지고 있었다. 그런데 왜 그녀는 행복에 거워하지 않았을까?

over the moon
매우 행복하거나 기쁜 상태인

18세기 아일랜드 출신의 기자이자 극작가였던 찰스 몰로이(Charles Molloy)의 1718년 작품 'The Coquet, or, The English Chevalier(바람둥이 여자, 또는, 영국 기사)'에 "Tis he! I know him now: I shall jump over the Moon for Joy!"라는 대사가 나온다. 직역하면 "그분이셔! 내가 잘 아는 분이야. 기뻐서 달이라도 뛰어넘어야겠네"이다. 이때부터 over the moon이 '극도로 행복한'의 의미로 널리 쓰이게 되었다.

A He doesn't make you happy.
B That's not true. I'm happy.
A Really? You don't seem to be over the moon in love to me.

A 그는 너를 행복하게 해 주지 못해.
B 아니야. 나 지금 행복해.
A 정말? 내가 볼 땐 너 전혀 사랑에 빠져서 행복한 것 같지 않은데.

fit as a fiddle

매우 건강한

형용사 fit에는 '적절한', '적합한' 등의 의미 이외에 '건강한'이라는 뜻도 있다. fiddle은 '바이올린'을 뜻하지만 이 표현에서는 '바이올린 연주자(fiddler)'라는 의미이다. 바이올린 단독 연주자는 다른 연주자들과 달리 서서 연주를 한다. 따라서 축제나 파티에서 저녁 내내 오랜 시간 연주를 하기 위해서는 '건강'이 필수 조건이다. fit as a fiddle은 이 상황에서 나온 표현으로, 직역하면 '바이올린 연주자처럼 건강한'이지만 일반적으로는 '매우 건강한'의 뜻으로 쓰인다.

A When was the last time you saw a doctor?
B A year ago, maybe? He said I was fit as a fiddle.

A 병원에 마지막으로 간 게 언제였어?
B 1년 전일 걸, 아마? 의사는 내가 아주 건강하다고 했어.

have legs

건강하다, 계속될 수 있다, 성공적일 수 있다

말 그대로 '두 다리를 가지고 있다'이다. 두 다리를 가지고 있다는 것은 쓰러지지 않고 스스로 걸어 다닐 수 있다는 뜻이기 때문에 상황에 따라서 다양한 해석이 가능하다. 사람이 두 다리를 가지고 있다는 것은 '건강하게 걸어 다니다'라는 뜻이고, 특정한 뉴스가 두 다리를 갖고 걸어 다닌다면 사람들이 그 뉴스에 관심을 갖고 계속 이야기한다는 의미가 된다. 또 어떤 일이 두 다리로 계속 움직인다면 그 일은 중도에 엎어지지 않고 성공적인 결말을 이룰 수 있다는 것을 상징하기도 한다.

A He died?
B This morning. Stroke, big one.
A I thought he had legs.

A 그분이 돌아가셨다고?
B 오늘 아침에요. 뇌졸중이 왔어요. 아주 심하게.
A 건강하신 줄 알았는데.

• **stroke** 뇌졸중

saw wood

코를 골다

명사 saw는 '톱'을 뜻하며 이것이 동사로 쓰이면 '톱질하다'가 된다. 여기에 '나무'를 뜻하는 wood가 연결되어 saw wood가 되면 '나무를 톱질하다'가 되는데, 여기서 '나무를 톱질하는 소리를 내면서 자다', 즉 '코를 골다'라는 의미가 탄생했다.

A How's your friend all night?
B He saws wood all night.

   A 밤새 친구 분은 어떠셨나?
   B 밤새 코를 고네.

fall over oneself

안달 나다, 안간힘을 쓰다

fall over는 물리적으로 '~에 걸려 넘어지다'라는 의미이다. fall over oneself를 직역하면 '자기 자신에게 걸려서 넘어지다'이다. 뭔가에 정신이 팔려서 온전히 걷지도 못하고 자기 발에 스스로 걸려서 넘어지는 느낌이다. 그래서 '무언가를 얻기 위해서 거기에만 온 정신을 쏟아 간절히 바라다', '다른 데는 신경 쓸 겨를도 없이 오직 뭔가를 얻기 위해서 안달 나다' 등의 의미로 쓰인다.

A How do I look?
B You look gorgeous. The guys'll be falling all over themselves.

   A 나 어때 보여?
   B 정말 너무나 멋져. 남자들이 완전히 안달 나겠다.

on edge

안절부절 못하는 상태인

명사 edge는 '가장자리, 모서리'를 뜻하며 '위기'를 상징하기도 한다. 따라서 on edge는 '모서리 위에 있는', '위기의 상태에 놓여 있는' 등의 뜻을 포함한다. '모서리 위에 서 있는 듯 안절부절 못하는', '위기에 놓인 것처럼 신경이 곤두서고 혼비백산 상태인'의 의미로 쓰인다.

Everyone's on edge, wondering, "Who might be next?"
모두들 불안 속에서 안절부절 못하면서 '그다음은 누구 차례일까?'를 생각하고 있다.

hit the spot

갈증이나 배고픔이 해결되다

음식이나 음료에 관계된 표현이다. spot은 '특정한 장소나 자리'를 의미하며, hit the spot은 배고픔이 느껴지는 위의 허한 장소, 또는 갈증이 느껴지는 목의 특정한 부위를 정확히 어루만져 준다는 뜻이다. 목이 마른 상태에서 음료를 마신 후 갈증이 해소되거나 허기진 상태에서 음식을 먹어 배고픔이 해소되었을 때 It hits the spot.이라고 말한다. "이제 좀 시원하네" 또는 "이제 좀 배고픈 게 진정되네"라고 말하고 싶을 때 사용한다.

A Sprite, O.K.?

B Yes. Hits the spot.

A 스프라이트, 괜찮아?

B 그럼. 마침 갈증이 났는데 딱이지.

He didn't work out and ate like a horse, but he still had a wiry body that never seemed to age.

그는 헬스클럽을 다니면서 운동하는 것도 아니고 먹는 건 또 엄청나게 먹었다. 그런데도 그의 몸은 여전히 마르고 탄탄했으며 전혀 노화되지 않는 것 같았다.

- **work out** 헬스클럽에서 운동하다
- **wiry** 말랐지만 단단한 근육질의

eat like a horse

아주 많이 먹다

직역하면 '말처럼 먹는다'이다. 말은 보통 굉장히 많은 양의 사료를 먹는다는 사실에서 비롯된 표현이다. '굉장히 많은 양의 음식을 먹다', '식욕이 굉장하다' 등의 의미로 쓰인다.

a stitch in one's side

옆구리 결림

운동을 하는 도중에 발생하는 일시적인 옆구리 통증을 의미한다. a side stich라고 간단히 표현하기도 한다. stich는 원래 '바늘땀'인데, 여기서 '바늘로 꿰매는 듯한 통증'이라는 뜻이 나오게 되었다. side는 '옆구리'이므로 결국 a stitch in one's side라고 하면 '옆구리를 바늘로 꿰매는 듯한 통증'이 되어 '옆구리 결림'이 된 것이다. 이 현상을 의사들은 '운동에서 비롯된 일시적인 복근 통증', 즉 exercise-related transient abdominal pain으로 부르기도 한다.

She kept running up the hill, faster and faster, until she could barely breathe and there was a stitch in her side.

그녀는 언덕을 계속 뛰어올랐다. 점점 더 빠르게. 그러다 결국 거의 숨을 쉴 수 없는 상태가 되었고 옆구리도 결렸다.

- **barely breathe** 거의 숨을 쉴 수가 없다

fall off the wagon

오랫동안 하지 않던 행위를 다시 시작하다, 다시 술을 마시다

on the wagon에서 파생된 표현이다. 원래는 on the water wagon, 또는 on the water cart였다. 직역하면 '급수차나 살수차에 탄 상태'를 뜻한다. on the wagon의 형태로 실제 쓰일 때는 '술 대신 물을 마시는 상태'가 되어 '금주 중인', 또는 '술을 끊은 상태인' 등의 뜻이다. fall off the wagon으로 변형되면 '왜건에서 내리다'가 되어 '금주에서 벗어나다', 즉 '다시 술을 마시다'라는 뜻이 된다. 그러나 오직 '술'에만 국한해서 사용하는 건 아니고, '일상적으로 오랫동안 하지 않던 행동을 어느 순간 다시 하게 되다'의 의미로 fall off the wagon을 쓴다.

You've gone all these years without reading reviews. Don't fall off the wagon.

최근 몇 년 동안 책 논평을 읽지 않으셨잖아요. 굳이 다시 읽으실 필요는 없죠(그러지 마세요).

• **review** 책이나 영화의 논평, 비평

Jack of all trades

다재다능하지만 진정한 전문적 지식은 하나도 없는 사람

원래는 '다재다능한 사람'을 가리키는 칭찬의 말이었지만, 상황에 따라서 부정적인 의미가 추가될 때도 있다. 즉 여러 가지를 두루 잘하긴 하지만 어느 한 방면에도 확실한 전문적 지식이 있지는 않다는 것이다. 그래서 칭찬의 말이 아닌 상대를 비하하는 말로 쓰일 때도 있다. 온전한 말은 Jack of all trades, master of none(다재다능하지만 어느 것에도 마스터는 아닌 사람)이다. 이것을 줄여서 흔히 Jack of all trades라고 한다.

"You really are a man of many parts."
"Jack of all trades," I replied with a self-deprecating smile.

"정말 다재다능한 분이시군요."
"전문적으로 잘하는 건 하나도 없죠." 나는 자기 비하적인 미소를 지으며 답했다.

- **a man of many parts** 다재다능한 사람
- **self-deprecating** 자기 비하적인

a basket case

무능한 사람, 감정을 제대로 주체하지 못하는 사람, 경제적으로 파산한 나라

원래 '전쟁에서 폭탄을 맞아 두 팔과 두 다리가 모두 절단된 환자'를 말한다. 그래서 hopeless case, 즉 '무능한 사람', '아무런 능력이 없는 사람'을 상징하는 말로 쓰인다. 또 '스트레스나 심한 걱정으로 인해서 감정적으로, 또는 정신적으로 조절이 힘든 사람'이라는 의미로도 쓰인다. 사람이 아니라 경제나 국가에 관련해 쓰면 '경제적으로 파산한 국가'를 가리키는 말이기도 하다.

I'm so sorry. I couldn't stop crying. You must think I'm a basket case.

죄송해요. 울음이 멈추질 않아서. 제가 바보같이 너무 감정 조절을 못하는 사람 같죠.

out of one's depth
능력이 안 되는, 경험이 전혀 없는

명사 depth는 '깊이'를 의미한다. 그 깊이는 '능력의 깊이, 이해의 깊이' 등을 말한다. 따라서 '~에서 벗어난'을 의미하는 out of와 연결되어 out of one's depth가 되면 '능력이나 이해의 범위를 벗어난 상태'를 뜻한다.

I'm out of my depth here. I don't know about raising kids.
이건 내 능력 밖이야. 난 아이들을 기르는 방법에 대해서는 전혀 아는 바가 없거든.

go to one's head
우쭐대다, 거만해지다

술을 마시다가 그 술이 머리까지 올라가면, 즉 alcohol goes to your head의 상태가 되면 급속도로 취하게 된다. 이와 비슷하게 성공이나 칭찬이 머리까지 올라가게 되면 거기에 취해서 '갑자기 거만해진다'거나, '갑자기 우쭐댄다'는 의미이다.

She was golden. Everybody loved her, but it didn't go to her head. Some kids, they would have become bratty, but not Jane.
그 애는 참 특별한 아이였어. 모든 사람들이 자기를 그렇게 좋아하는데도 전혀 우쭐대지 않았어. 다른 아이들이라면 건방져지기도 했을 텐데, 제인은 그러지 않았어.

- **golden** 특별한, 소중한
- **bratty** 건방진

blow one's own trumpet
자화자찬하다

직역하면 '자신의 트럼펫을 불다'가 된다. 중요 공식 만찬에 초대된 인사들이 도착할 때마다 도열한 군악대가 트럼펫을 불었다는 데서, 또는 왕의 도착을 알리는 트럼펫 소리에서 유래한 표현이다. 결국 자기가 중요한 인물이라고 스스로 트럼펫을 불고 다닌다면 자화자찬하는 것이다. trumpet 대신에 horn을 써서 blow one's own horn이라고도 표현한다.

He always blows his own trumpet, but nobody buys his stories.
그는 늘 자화자찬 일색이지만 아무도 그의 이야기를 믿지 않는다.

- **buy** 사실 같지 않은 말을 믿다

take to doing something like a duck to water

~를 매우 쉽게 배워서 하다

take to doing something은 '뭔가를 규칙적으로 하기 시작하다'의 의미이다. 여기에 like a duck to water, 즉 '물 만난 오리처럼'이 연결되었다. 물 만난 오리는 '아주 수월하게 움직이다'를 상징한다. 따라서 take to doing something like a duck to water는 '물 만난 오리처럼 뭔가를 아주 쉽게 배워서 하기 시작하다'라는 의미이다.

> She has taken to texting like a duck to water and now can do it faster than she can speak.
> 그녀는 문자 보내는 걸 아주 쉽게 배워서 지금은 말하는 것보다 더 빨리 문자를 보낼 수 있다.

count one's chickens

김칫국부터 마시다

완전한 표현은 count one's chickens before they're hatched이다. 즉, '부화되기도 전에 닭의 수부터 세다'라는 뜻. 어원에 관한 몇 가지 설 중에 이솝 우화에서 나왔다는 설이 설득력이 있다. 우유 짜는 여자아이(milkmaid)가 우유 한 통(a pail of milk)을 팔기 위해서 머리에 이고 걸으면서 상상한다. '이 우유를 좋은 가격에 팔아서 달걀을 사야지. 달걀이 부화되면 병아리들을 잘 키우고 그것들이 건강한 닭으로 자라면 팔아서 돈을 모아 사고 싶은 것들을 사야지.' 그런 상상에 잠겨 걷던 순간, 그만 돌부리에 걸려서 넘어지면서 머리에 이고 있던 우유통을 바닥에 쏟고 만다. 모든 것이 물거품이 되는 순간이다. 여기에서 생겨난 표현이 바로 count one's chickens이다. 우리말의 '떡 줄 사람은 생각하지도 않는데 김칫국부터 마시지 말라'와 같은 의미로, 영어로는 Don't count your chickens before they're hatched.라고 한다.

> I'm not counting my chickens, it's early days, of course. He is the loveliest man I've ever known.
> 물론 시기상조인 건 아는데, 내가 김칫국부터 마시는 건 아니야. 그 사람은 정말 내가 지금까지 알던 남자들 중에 가장 매력적인 사람이야.
>
> • early days 시기상조

have a skeleton in one's closet
남모를 비밀[치부]이 있다

skeleton은 '해골'이지만 '남에게 알리고 싶지 않은 비밀, 하지만 언젠가는 밝혀질 일'이라는 의미도 있다. closet은 '벽장'이지만 이 표현에서는 원래 water closet, 즉 '물을 담아 놓는 변기통'을 줄인 말로 쓰였다. 지금은 그냥 '벽장'으로 통한다. 따라서 이 표현을 직역하면 '벽장 속에 남에게 알리고 싶지 않은 비밀을 가지고 있다'이며, '남모를 비밀이 있다'라는 뜻으로 쓰인다. Everyone has a skeleton in his closet.이라는 형태로 쓰이는데, '털어서 먼지 안 나는 사람 없다'로 해석한다.

She has many skeletons in her closet. I have my sources.
그녀는 남모를 치부가 한둘이 아니야. 내가 다 소식통이 있어서 하는 소리야.

• **source** 정보원, 소식통

someone's bark is worse than their bite
말은 저렇게 해도 실제로는 괜찮은 사람이다

bark는 '개가 짖는 소리'를 의미하며 bite는 '물기' 즉, '무는 행위'를 뜻한다. 결국 이 표현을 직역하면 '누군가 개처럼 짖는 소리는 그가 무는 것보다 더 심하다'가 되고, 좀 더 발전하면 '저렇게 심하게 짖어도(말해도) 실제로 물 때(어떤 행위를 할 때)는 그 정도로 심하진 않다' 정도의 뜻이 된다. 그래서 '말은 저렇게 심하게 해도 실제로는 심성이 그렇게 나쁜 사람은 아니다', '말은 저렇게 심하게 해도 실제로는 괜찮은 사람이다'라는 의미로 쓰인다.

His bark is worse than his bite. He was a great soldier, real hero.
저분이 말은 저렇게 심하게 해도 실제로는 좋은 분이야. 대단한 군인이셨어. 진짜 영웅이셨지.

be all fingers and thumbs

매우 서투르다, 손재주가 없다

직역하면 '모든 손가락과 엄지손가락이다'이다. Every finger is a thumb.(모든 손가락이 엄지손가락이다)에서 나온 표현이다. 모든 손가락이 엄지손가락이면 손으로 제대로 처리할 수 있는 일이 없다. 결국 이 표현은 '손을 이용해서 하는 일이 매우 서투르다', '손재주가 없다' 등의 의미를 표현한다.

I set up the digital recorder and am all fingers and thumbs, dropping it twice on the coffee table in front of me.

나는 디지털 녹음기를 준비했는데 다루는 게 너무 서툴러서 녹음기를 내 앞에 있는 커피 테이블에 두 번이나 떨어뜨렸다.

- **set up** 장비를 사용할 준비까지 마치다

I'm so sorry. I couldn't stop crying.
You must think I'm a basket case.

pull the plug

사업이나 계획을 중단시키다

말 그대로 '플러그를 뽑다'이다. 플러그를 뽑으면 전류 공급이 차단된다. 그래서 '진행되는 일이나 계획이 없었던 일로 마무리되다'라는 의미를 나타낸다.

We have discussed some projects with them. You know what? They are pulling the plug.

우리는 지금까지 그들과 몇 가지 프로젝트를 논의해 왔어. 그거 알아? 그들이 지금 발을 빼고 있다는 거.

chase one's tail

헛수고하다

동사 chase는 '뒤쫓다', 명사 tail은 '꼬리'이므로 chase one's tail을 직역하면 '자기 꼬리를 쫓다'가 된다. 강아지가 자기 꼬리를 쫓아서 한자리에서 뱅뱅 도는 모습이 연상된다. 결국 아무리 노력해도 쫓는 꼬리는 물리지 않는다. 이런 상황에서 '헛수고하다'의 의미가 나왔다.

Nothing is definite right now. We're all chasing our tails.

지금 확실한 건 하나도 없어. 우리 모두 지금 헛고생하고 있는 거야.

go belly up

완전히 망하다

일반적으로 비즈니스의 상태를 말할 때 쓰이며, '하는 사업이 완전히 망하다'라는 뜻이다. 물고기 등 수중 동물들이 죽으면 배를 위로 한 채로(belly up) 물 위로 떠오르는 상황에서 비롯된 말로, '사업이 수명을 다하다', '망하다' 등의 뜻이다.

I began to hear rumors that the company was going belly up.

그 회사가 완전히 망할 거라는 소문이 들리기 시작하더라고.

pull the rug out from under someone

갑자기 후원을 중단하다, 남의 계획을 망치다

직역하면 '누군가 밟고 서 있는 양탄자를 홱 잡아당겨 빼다'이다. 양탄자 위에 서 있다는 것은 계획한 일이 순조롭게 진행되거나 후원 업체로부터 별 탈 없이 후원을 잘 받고 있다는 의미가 된다. 그런데 그 양탄자를 뒤에서 갑자기 당겨 버리면(pull) 서 있던 사람은 균형을 잃고 넘어진다. 그래서 '계획이 틀어지다', '후원이나 도움을 중단하다'의 의미가 만들어졌다.

Why do you think they are pulling the rug out from under us?
아니 그들은 도대체 왜 잘 밀어주다가 갑자기 손을 끊겠다고 해서 우리 계획을 망치려는 걸까?

grab the brass ring

예기치 않게 나타난 일생일대의 기회를 잡다

직역하면 '놋쇠로 만든 반지를 잡다'이다. 미국의 놀이동산에서 회전목마 (merry-go-round, carousel)가 한창 유행하던 1880년에서 1921년 사이에 생겨난 표현이다. 회전목마는 안쪽에 위치한 말들과 바깥쪽 말들이 위아래로 움직이는 폭이 다르다. 안쪽 말들의 움직임 폭이 훨씬 커서 타는 사람들은 안쪽을 선호한다. 그래서 관계자들은 바깥쪽 말들에 관심을 더 끌기 위해 바깥쪽 말에 탄 사람들이 팔을 뻗으면 닿을 수 있을 만한 위치에 기계 팔을 설치하여 팔 끝에서 반지가 나오도록 했다. 목마가 한 번 회전할 때마다 기계 팔에서 나오는 반지는 바뀌는데 주로 쇠로 만든 반지가 나오고 아주 가끔 동으로 만든 반지가 나왔다. 그 동으로 만든 반지를 잡는 사람에게는 회전목마를 한 번 더 탈 수 있는 기회를 선물로 주었다. 그런데 기계 팔의 위치는 고정되어 있고 회전목마는 계속 위아래로 움직이면서 돌기 때문에, 그리고 동으로 만든 반지는 가끔씩만 나오기 때문에 팔을 최대한 뻗어서 놋쇠 반지를 잡기란 여간 어려운 것이 아니었다. 그러나 이런 고객 유치 작전은 대성공을 거두었다. 이런 상황에서 grab the brass ring이라는 표현이 만들어져 '갑자기 나타난 기회를 어렵게 잡다'의 의미로 쓰이며, 그 기회는 '일생일대의 기회'로 강조된다.

Just when she thought she'd finally grabbed the brass ring, everything had come crashing down.
그녀가 마침내 일생일대의 기회를 잡았다고 생각했을 때 모든 것들이 일순간에 무너져 버렸다.

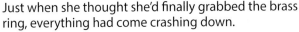

● **come crashing down** 무너지다, 붕괴하다

hit the pedal to the metal

차를 전속력으로 밟다, 매우 빠른 속도로 일하다

1950년대의 자동차 바닥(floorboard)은 금속 (metal)으로 만들어졌다. 그래서 액셀러레이터를 금속 바닥 면까지 닿도록 꽉 밟으면 자동차는 전속력으로 달리게 되는 것이었다. 이런 상황에서 만들어진 표현이다. 여기에 더해 '마감 시간을 맞추기 위해서 일을 매우 빠른 속도로 처리하다'라는 의미로도 잘 쓰인다. 강조를 위해서 hit을 쓴 것이고, 일반적으로는 put을 이용하여 put the pedal to the metal이라고 한다.

The car is a fun drive, and the miles slip away as I hit the pedal to the metal.

그 차를 몰면 즐거워. 전속력으로 밟으면 몇 마일은 순식간에 사라지거든.

- **slip away** 훌쩍 사라지다

play it by ear

그때그때 상황을 봐 가면서 처리하다

절대 음감을 가진 사람들은 악보를 보지 않고 음만 듣고도(by ear) 그 음악을 똑같이 연주하거나 노래를 따라 부를 수 있다(play it). 이 상황에서 파생되어 '미리 계획을 잡지 않고 닥치는 상황에 맞게 처리하다'의 의미로 쓰인다.

A What are you going to say?

B I have no idea. I guess I'll play it by ear.

   A 너 무슨 말을 할 건데?
   B 아직 몰라. 그때그때 상황 봐서 얘기해 볼까 해.

take a rain check

나중에 하다, 연기하다

야구에서 비롯됐다. 비가 심하게 오면 시합 자체를 시작하지 못하거나 시합 도중에 중단하고 무효 게임으로 처리, 다른 날에 재경기를 치르게 된다. 표를 사서 입장한 관객들은 다음에 재경기가 열릴 때 그 표나 영수증을 보여주면 입장이 가능한데, 재경기 때 보여주는 그 표를 rain check라고 한다. 따라서 take a rain check, 즉 'rain check를 받는다'는 것은 '지금은 실행이 불가능하기 때문에 나중에 하는 걸로 미루다'라는 뜻이다.

I know we made plans to see each other tonight, but would you take a rain check?

우리 오늘 밤에 만나기로 약속한 건 맞는데 나중으로 좀 미루면 안 될까?

put one's nose to the grindstone

매우 열심히 일하다, 열심히 공부하다, 혹사하다

직역하면 '코를 회전식 숫돌에 가까이 대다'이다. 동사 grind에는 '갈다'의 의미가 있어서 grindstone을 칼날을 가는 '숫돌'이라고 한다. 오래 사용해서 무디게 된 칼날은 숫돌을 이용해서 날카롭게 갈아야 하는데, 이때 칼날이 제대로 갈릴 수 있도록 얼굴을 숫돌에 가까이 대고 조심스럽게, 그리고 매우 열심히 갈아야 한다. 그 상황에 빗대어 put one's nose to the grindstone이라고 하면 '매우 열심히 일하다/공부하다', 심지어는 '혹사하다'의 의미까지 발전한다.

She put her nose to the grindstone, giving up her social life.

그녀는 정말 열심히 일했다. 사회생활을 포기하면서까지.

have something up one's sleeve

뭔가를 비밀리에 준비해 두다

1800년대 카드 도박판에서 만들어진 표현이다. 게임 진행 도중 상대를 속이기 위해서 셔츠의 소매(shirtsleeve)에 결정적인 카드를 숨겨 두었다가 필요할 때 손바닥으로 슬쩍 흘려 잡는 행위를 했다고 한다. 그래서 up one's sleeve는 '비밀리에 준비해 둔'의 의미가 되었고, have something up one's sleeve는 '뭔가를 비밀리에 준비해 두다'의 뜻으로 쓰인다.

He had conducted a thorough search of their recent business deals to get an idea of their negotiating skills and any tricks, they might have up their sleeves.

그는 그들이 최근에 이룬 비즈니스 계약들을 빈틈없이 철저하게 조사했다. 그들의 협상 기술과 비밀리에 준비해 두었을지도 모르는 그들의 협상 비결을 알아내기 위해서였다.

- **conduct** 특정한 활동을 하다
- **thorough** 빈틈없는
- **trick** 묘책, 비결

Does a bear shit in the woods?

당연한 일이다.

직역하면 '곰은 숲속에서 똥을 싸는 건가?'이다. 뻔한 이야기를 모르는 척 질문하는 꼴이다. 즉 "가만 있어 봐, 곰이 숲속에서 똥을 싸던가?" 정도의 느낌으로, 우스갯소리로, 또는 빈정대는 의미로 던지는 속어 표현이다. 달리 말하려면 Hell yes.라고 해도 된다. "뭐 당연한 걸 묻고 난리야" 정도의 의미이다.

A You're single?
B A bear shit in the woods?

    A 너 싱글이야?
    B 당연한 걸 묻고 난리야.

hold someone at bay

접근을 저지하다, 문제의 발생을 막다

bay는 barking of a dog, 즉 '개가 짖는 소리'라는 의미의 중세 프랑스어를 어근으로 한다. 집에 낯선 사람이 접근하면 집을 지키는 개는 그의 접근을 막으려고 짖는다. 이 상황에서 나온 표현이 hold someone at bay이다. '짖어서 누군가의 접근을 막다'가 직역이며, 실제로도 '누군가의 접근을 막다', '어떤 문제의 발생을 막다' 등의 의미로 쓰인다.

They were crowding at either end of the road, held at bay by more police.

그들은 차들이 다니는 도로 양끝에 몰려들었고 더 많은 경찰들에 의해서 안쪽으로의 접근을 저지당했다.

not miss a beat

일어나는 일에 정확히 대응하다

명사 beat는 음악에서 '리듬, 박자'를 뜻한다. 드럼이나 베이스 기타가 리듬을 담당하면 다른 악기들은 여기에 박자를 맞춘다. 따라서 miss a beat라고 하면 '박자를 놓치다'이다. 박자를 놓치면 그 연주나 노래는 순간적으로 멈칫하면서 곧 실패하고 만다. 따라서 not miss a beat의 기본적인 의미는 '비트를 놓치지 않다', '박자를 놓치지 않고 정확히 지키다'이다. 여기에서 발전해 '자신의 리듬을 잃지 않고 상황에 맞게 적절하게 대응하고 일을 처리하다', '실수나 실패 없이 일을 성공적으로 완수하다' 등의 뜻으로 쓰인다.

Depending on the topic, her voice was changed. And she never missed a beat.

대화의 주제에 따라서 그녀의 목소리는 변했다. 그러면서 그녀는 상황에 맞게 전혀 흔들림 없이 일을 훌륭히 처리했다.

ride herd over

~를 통제하다

동사 ride는 '말을 타다'이고 herd는 '짐승 떼'를 뜻한다. 이 두 단어가 합해진 ride herd는 '말을 타고 짐승 떼를 감시하며 순찰을 돌다'라는 의미이다. 여기에 전치사 over, 또는 on이 추가되어 ride herd over 또는 ride herd on 등의 형태가 되면 '사람 또는 사람의 행동을 통제하다'의 의미로 쓰인다.

I've been riding herd over a group of talented young computer programmers.

내가 지금까지 하고 있는 일은 재능 있는 젊은 컴퓨터 프로그래머들을 관리하고 통제하는 일이다.

hold one's breath

기대하다, 숨죽이고 기다리다, 숨을 참다

직역하면 '숨을 잡다'이다. 너무 티 나게 숨을 쉬지 않다. 즉 '남에게 숨소리가 들리지 않도록 숨소리를 죽이다'라는 의미이다. 여기서 발전해 '어떤 결과를 숨죽이며 기다리다', '뭔가를 기대하며 기다리다', '기대하다' 등의 의미로 쓰인다.

A I had a really important audition.
B Maybe this'll be your big break.
A Yeah, maybe. But don't hold your breath.

A 나 정말 중요한 오디션을 봤어.
B 어쩌면 네게는 정말 큰 행운이 될 수도 있겠다.
A 그럴지도, 하지만 너무 기대는 마.

• break 행운

The world is your oyster.

무엇이든 원하는 건 다 할 수 있다, 성공할 기회는 얼마든지 있다.

이 표현에서 oyster는 pearl oyster, 즉 '진주조개'를 의미한다. 따라서 이 문장을 직역하면 '이 세상은 너의 진주조개이다'가 된다. 신선한 진주조개를 발견해서 열면 그 안에 '진주'가 있을 수 있다. 이것을 인생에 빗대어 '열심히 살다 보면 언젠가 좋은 기회, 또는 큰 행운이 다가올 수 있으며, 그 기회와 행운을 제대로 잡으면 크게 성공할 수 있다'는 의미로 사용한다. 여기에서 기회와 행운을 상징하는 것이 바로 oyster이다. 진주조개 속의 '진주'는 성공을 상징한다. 이 말은 또한 '인생에서 제대로 준비된 삶을 살면 무엇이든 원하는 것은 다 할 수 있다'는 메시지를 전하기도 한다.

> You should know how to speak English. When you can speak English, the world is your oyster.
> 영어를 할 줄 알아야 해. 영어를 하면 네가 원하는 모든 걸 다 할 수 있게 되는 거야.

in spades

충분히, 확실히

직역하면 '여러 장의 스페이드 카드가 있는' 상태를 말한다. 카드 게임 역사상 가장 대중적인 브리지(bridge)라는 게임에서 비롯된 표현이다. 카드는 조커를 제외하고 전체 52장으로 되어 있다. 이것을 '한 벌'이라고 칭한다. 이 한 벌은 네 개의 세트(suit)로 구성되어 있다. 이 네 개의 세트를 각각 hearts, clubs, diamonds, spades라고 부른다. 이것들의 순위는 spades가 가장 높고, 다음으로 hearts, diamonds, clubs 순이다. 따라서 소유하고 있는 spades가 많을수록 그 게임에서 승자가 될 확률이 높아진다. 이 상황에서 in spades는 '확실히 이길 수 있는 상태인', '승리가 분명한 상태인' 등의 속뜻을 갖게 되었고 실제로는 '분명히', '확실히', '충분히' 등의 의미로 쓰인다.

> It had just taken time and determination, but determination was one thing she had in spades.
> 그 일은 시간과 결단력을 필요로 했지만, 결단력만큼은 그녀가 지닌 확실한 무기였다.

- **determination** 어떤 어려움이 있어도 해내겠다는 투지와 결단력

bide one's time

때를 기다리다

동사 bide 자체는 지금은 쓰이지 않는 고어(古語)로, '오랫동안 기다리다', '오랫동안 어떤 장소에 머물다' 등의 의미였다. 그러나 bide one's time은 고어가 아닌 현재 즐겨 쓰이는 표현이다. 직역하면 '시간을 기다리다'가 되어 '뭔가를 하기에 최적의 순간을 기다리다', '때를 기다리다' 등의 의미를 나타낸다.

You'll be at the center of the universe. You only need to bide your time.

너는 분명히 세상의 중심에 서서 매우 중요한 역할을 하게 될 거야. 단지 때만 기다리면 되는 거야.

be up to one's ears in

~이 산더미처럼 쌓이다

직역하면 '귀까지 올라 찰 정도로 ~에 연루되어 있다'가 된다. 보통 심각한 수준까지 올라와 있다고 할 때 up to one's ears를 사용한다. 이것이 '일'에 적용되어 be up to one's ears in work 라고 하면 '일이 심각할 정도로 많아서 귀까지 올라 차 있다', 즉 '일이 산더미처럼 쌓여 있다'는 의미이다.

A I expected you home. And the least you could've done was call.

B I'm sorry. I'm up to my ears in deadlines and I lost track of time. I apologize.

> A 난 당신이 집에 들어오기를 기다렸지. 그리고 적어도 전화는 해 줬어야지.
>
> B 미안해. 마감에 닥친 일들이 산더미처럼 쌓여서 시간 가는 줄 몰랐네. 내가 사과할게.
>
> • **lose track of time** 시간 가는 줄 모르다

$64,000 question

가장 어렵고 힘든 문제

미국의 퀴즈 쇼 프로그램에서 탄생한 표현이다. 1940년대 미국의 한 라디오 퀴즈 프로그램에는 문제마다 가격이 매겨져 있었다. 그중 가장 어려운 최종 문제는 64달러였다. 이 콘셉트를 1950년대 한 TV 프로그램에서 그대로 가져와 문제의 가격을 파격적으로 올렸다. 최종 문제의 가격은 무려 64,000달러. 그래서 $64,000 question이라고 하면 '가장 어려운 문제', '해결하기 매우 힘든 문제'의 의미로 쓰이게 되었다.

That was the $64,000 question. Why was it that she never had enough?
그건 정말 대답하기 힘든 질문이었다. 왜, 도대체 무슨 이유로 그녀는 만족하지 못하는 것일까?

under the wire

아슬아슬하게, 마지막 순간에

원래 경마(horse racing)에서 나온 말로, 경마장에서 철사(wire)로 결승선(finish line)을 표시해 놓았던 데서 유래되었다. 그래서 under the wire를 직역하면 '마지막 결승선에서'가 되어 '막판에', '가까스로', '시간에 딱 맞추어서' 등의 의미이다.

I arrived sweaty but under the wire.
나는 땀투성이가 되어서, 하지만 아슬아슬하게 시간에 맞춰서 도착했다.

* **sweaty** 땀투성이의

strike the right chord

정곡을 찌르다, 핵심을 제대로 짚다, 제대로 감동을 주다

chord는 음악에서 '화음'에 해당한다. 합창에서 코드가 제대로 맞았을 때의 감동은 이루 말할 수 없다. 노래를 듣는 사람들의 감정선은 정확한 화음에 감탄하고 불안한 화음에 실망한다. 이런 상황에서 나온 표현으로, 의견을 발표하거나 무슨 말을 할 때 '상대가 원하던 것을 정확히 짚어서 제대로 감동하게 만든다'는 의미로 쓰인다.

I know how to strike the right chord with them.
나는 어떻게 해야 그들을 제대로 감동시킬 수 있는지 알고 있어.

with flying colors

매우 성공적으로

colors는 '깃발'이며 with flying colors는 '깃발을 날리며'이다. 이 표현은 '어려운 일을 탁월하게 완수하며 성공적으로' 통과한다는 느낌을 표현할 때 사용한다.

He graduated with flying colors.
I was so proud of him.

그는 힘든 과정을 다 마치고 성공적으로 졸업했다. 나는 그가 몹시 자랑스러웠다.

MP3 028

put one's foot in one's mouth

실언을 하다

당혹스럽고(embarrassing) 눈치 없는(tactless) 말을 해서 주변 사람들을 어쩔 줄 모르게 한다는 의미의 표현이다. 소, 돼지, 염소 등의 입(mouth)과 발굽(foot, hoof)에 생기는 전염병인 구제역을 foot and mouth disease라고 하는데 여기에서 나온 표현이다. have a bad case of foot-in-mouth disease라고 표현하기도 한다.

She says whatever comes to her mind and then thinks about it later. She is forever putting her foot in her mouth but that's what I love about her.

그녀는 생각나는 건 뭐든 먼저 말하고 나서 나중에 생각하는 스타일이다. 그러다 보니 항상 실언을 하지만, 나는 그녀의 그런 모습이 참 좋다.

mince words

돌려 말하다

동사 mince는 '(고기를) 갈다', '(음식 재료를) 다지다'라는 의미이다. mince words라고 하면 '말을 곧이곧대로 하지 않고 잘게 부수어 부드럽게 하다'라는 의미인데, '부드럽게 표현하다', 결국 '돌려서 말하다'의 뜻으로 흔히 쓰인다.

I don't mince words. I'm saying it because it's true.

나는 말을 돌려서 하는 사람이 아니야. 그게 사실이기 때문에 그렇게 말하는 것뿐이야.

get a word in edgeways

쉼 없이 말하는 사람의 말을 끊고 들어가다

edgeways는 '옆으로', '옆에서'이며 sideways 와 같다. 누군가 쉴새 없이 계속 이야기를 하고 있어서 그 말을 끊고 끼어들어갈 엄두가 나지 않을 때 '정면이 아닌 옆에서(edgeways) 살짝 말을 (a word) 집어넣는다(get in)'는 느낌으로 사용하는 표현이다. 또 '살짝 틈이 보여서 그 사이로 비집고 끼어들다'라는 의미를 전하는 edge into a crowd의 상황을 상상하면 쉽게 이해되는 표현이다. 부정형을 사용한 can't get a word in edgeways는 '멈추지 않고 말을 계속해서 끼어들 수가 없다'는 의미이다. edgeways 대신에 edgewise를 쓰기도 한다. edgeways는 영국에서, edgewise는 미국에서 주로 사용한다.

A Can I get a word in edgeways?
B Sure. Be my guest.

A 말씀 도중인데, 저도 좀 한말씀 드려도 될까요?
B 물론이지요. 얼마든지 그렇게 하세요.

bite one's tongue

할 말을 꼭 참다

그대로 직역하면 '혀를 깨물다'가 된다. 꼭 하고 싶은 말인데 분위기를 깨지 않기 위해서, 또는 상대방에게 상처를 주지 않기 위해서 혀를 깨물어 가면서까지 할 말을 참는다는 의미의 표현이다.

He wondered what she thought about this situation, but he bit his tongue.

그는 그녀가 이 상황을 어떻게 생각하는지 궁금했지만, 묻고 싶은 마음을 억누르며 꼭 참았다.

take with a grain of salt

에누리해서 받아들이다, 줄잡아 받아들이다

누군가 하는 말이 100% 사실이 아닐 수 있으니 곧이곧대로 믿지 않고 약간의 여지를 둔다는 의미이다. 이 표현의 어원은 100% 확실치는 않지만 통설로 내려오는 바에 따르면, 고대 로마 시절에 만들어졌다. 당시에 해독제(antidote for poison)를 복용할 때 소금 알갱이 하나(a grain of salt)를 함께 복용했다고 한다. 그러면 해독제를 삼키기가 수월해지기 때문이었다. 그러면 왜 여러 알갱이가 아닌 '하나의 알갱이'라고 했을까? 다량의 소금을 복용하면 그 자체로 또다른 독성이 생길 수 있기 때문이었다. 이런 상황에서 파생되어 '누가 하는 말을 약간 누그러뜨려서 받아들이다'의 의미로 사용하게 되었다.

He sounded serious, but I took what he said with a grain of salt.

그는 진지하게 말하는 듯했지만 나는 그의 말을 약간 에누리해서 받아들였다.

put one's finger on

정확히 짚어서 말하다

직역하면 '손가락을 ~ 위에 올려놓다'이다. 결국 '손가락으로 콕 짚다', 즉 '뭔가를 정확히 짚어서 이야기하다', '뭔가를 분명히 말하다' 등의 의미로 쓰인다. 같은 뜻의 어휘로 pinpoint가 즐겨 쓰인다.

I can't quite put my finger on it, but when I talk to her, I feel like my voice is trapped in my chest.

뭐라고 이유를 딱 꼬집어서 말할 수는 없지만, 그녀와 얘기할 때면 목소리가 가슴에 걸려서 탁 막히는 기분이 들어.

Walls have ears.

낯말은 새가 듣고 밤말은 쥐가 듣는다, 세상에 비밀은 없다

보통 "이건 비밀이야"라고 할 때 "It's between you and me."라고 한다.
이 표현은 It's between you and me and the bedpost.를 줄인 말이다.
bedpost는 옛날 스타일 침대의 네 모서리에 있는 '침대 기둥'을 뜻한다. 아무리 방 안에 두 사람밖에 없어도 벽이 듣기 때문에 침대에 누워서 벽이 듣지 못하게 이불을 뒤집어쓰고 비밀을 이야기한다. 그러다 보면 어쩔 수 없이 침대 기둥은 그 얘기를 듣게 되므로 이런 표현이 생겨났다. 이런 상황이 속담 Walls have ears.를 낳았다. '벽에도 귀가 있어서 아무리 조심해도 비밀은 새어 나가기 마련이다', '낯말은 새가 듣고 밤말은 쥐가 듣는다', '세상에 비밀은 없다' 등으로 해석할 수 있다.

A How did you find out I was here?
B The walls have ears.

A 내가 여기에 있는지 어떻게 알았어?
B 세상에 비밀이 어디 있냐.

catch someone off guard

예기치 못한 상황이나 말에 놀라서 적절한 반응을 못하게 하다, 의표를 찌르다

catch의 대표적인 의미는 '잡다', '발견하다'이다. 명사 guard는 '보호대'를 뜻한다. 권투(boxing)에서 상대방의 공격을 막기 위하여 두 팔을 들어 얼굴을 비롯한 상체를 방어할 때 그 두 팔을 '보호대', 즉 guard라고 말한다. 만일 두 팔을 내려 버리면 '보호대가 없는 상태', 즉 off guard가 되어 상대방의 공격에 무방비 상태가 된다. 따라서 catch someone off guard는 '누군가를 무방비 상태로 잡다' 즉, '누군가 무방비 상태일 때 갑자기 공격하다', '준비할 새도 없이 말이나 행동에 당하게 하다' 등의 의미를 갖는다. 당한 사람은 무방비 상태에서 너무나 갑작스러운 상대의 말이나 행동에 매우 놀라 별다른 대처를 하지 못했다는 뜻이다.

That caught her off guard, shocked her so much that she couldn't think of what to say.

그 말에 그녀는 너무 당황하고 충격을 받아서 뭐라고 말을 해야 할지 생각할 수가 없었다.

hear something on the grapevine

소문으로 ~를 듣다

점(dots)과 옆줄(dashes)로 표기되는 모스 부호(dots and dashes)와 그 부호를 이용한 전신기(telegraph machine)는 1837년, 새뮤얼 모스(Samuel Morse)가 발명했다. 전신기의 발명으로 시작된 전신 통신(telegraphic communication)은 폭발적으로 상용화되었고, 곳곳에 일정한 간격의 전신주가 세워지고 전신주 사이에 전신줄(telegraph wire)이 설치되기 시작했다. 전신주 사이, 공중에 몇 미터씩 연결된 수많은 전신줄은 사람들에게 포도 덩굴(grapevine)을 연상시켰다. 여기에서 grapevine telegraph(포도 덩굴 전신)라는 말이 탄생했다. 1863년, 미국에서 남북전쟁(the American Civil War)이 한창이었을 때다. 남군(Southerners)은 전신기를 이용해서 북군(Yankee)에게 엉터리 비밀 정보(secret information)와 소문(rumor)을 흘렸다. 전신기를 이용한 교란 작전이었다. 여기에서 hear something on the grapevine telegraph(포도 덩굴 전신을 통해서 정보나 소문을 전해 듣다)라는 말이 탄생했다. 이후 telegraph가 생략되면서 hear something on the grapevine으로 정착되었고, '~ 소식을 소문으로 듣다'라는 뜻으로 오늘날까지 쓰이고 있다.

I've heard it on the grapevine. I'm not sure I should believe it.
소문으로 들은 얘긴데. 그걸 정말 믿어야 할지는 모르겠어.

get wind of

소문으로 듣다, 비공식적인 채널을 통해서 정보를 알아내다

동물들은 바람을 타고 오는 냄새를 감지해 접근하는 포식자(predator)나 사냥감(prey)의 위치를 인지한다. 여기에서 '풍문으로 듣다', '비공식적인 방법으로 정보를 알아내다' 등의 의미를 띤 이 표현이 비롯되었다.

I'm the marketing manager, so that's how I got wind of it.
내가 마케팅 매니저잖아. 그러다 보니 내가 비공식적인 채널을 통해서 그 정보를 알게 된 것이지.

out of the loop
잘 모르는, 상황을 잘 알지 못하는, 제외된

명사 loop는 '고리', '회로' 등을 뜻하며 out of the loop를 직역하면 '고리나 회로에서 벗어난'이다. 군사 용어인 in the loop에서 파생된 표현이다. 병사들에게 명령을 전달하는 지휘관들(officers in command)은 항상 통신망을 열어 놓고 피드백 회로 안에서(in feedback loop) 정기적으로 업데이트되는 정보를 입수해야 한다. 그렇게 해야 올바른 정보와 명령이 전달된다. 이 상황이 in the loop이다. 따라서 out of the loop라고 하면 '한 집단에서 공유되어야 할 정보에서 벗어난', '공유 정보를 받지 못하는', '한 집단에서 움직이고 있는 새로운 정보를 인지하지 못하는', '정보 공유의 대상에서 제외된' 등의 의미이다.

Nothing bothered her more than being out of the loop in her kids' lives.

그녀에게는 아이들의 생활 속에서 아이들과 공유되어야 할 정보를 놓치는 것 이상으로 신경 쓰이고 괴로운 일은 없었다.

- **bother** 성가시게 하다, 괴롭히다

hang on every word
열심히 듣다

동사 hang은 '걸다', '걸리다'이다. every word는 '말 한마디 한마디'를 뜻한다. 따라서 hang on every word라고 하면 '말 한마디 한마디에 귀를 걸다'라는 의미가 되어 '누군가의 말을 아주 열심히, 주의 깊게 듣다'라는 뜻으로 쓰인다.

I noticed that a man at the next table was hanging on every word.

나는 옆 테이블의 남자가 우리가 하는 말을 하나도 놓치지 않고 열심히 듣고 있다는 걸 눈치챘어.

bark up the wrong tree
헛다리 짚다, 잘못된 생각을 따르다

너구리 사냥(raccoon hunting)에서 탄생한 표현이다. 너구리 사냥에는 사냥개들(hound dogs)의 도움이 필요하다. 사냥개들은 사냥꾼에 앞서 숲에서 퍼져 나오는 너구리의 냄새를 쫓아 달린다. 너구리가 나무를 타고 올라 도망치면 사냥개는 그 나무 앞에 멈추어 서서 짖는다. 사냥꾼은 사냥개가 짖고 있는 나무를 향해서 총을 쏴 너구리를 잡는다. 그러나 영리한 너구리는 사냥개가 짖을 때 바로 다른 나무로 자리를 옮긴다. 결국 사냥개는 엉뚱한 나무(wrong tree)를 올려다보면서 짖는(bark up) 꼴이 되고 만다. 이 상황에 빗대어 생긴 표현이다.

I think you're barking up the wrong tree there.
나는 그 부분에서 네가 생각을 잘못하고 있는 것 같아.

get one's hands on
얻다, 손에 넣다, 구하다

직역하면 '손을 ~ 위에 올려놓다'이다. 어떤 물건에 손을 올려놓는다는 것은 그 물건을 구하거나 소유함을 의미한다. 따라서 '뭔가를 구하다[얻다, 손에 넣다]'로 해석한다.

I have an odd obsession with histories. I read everything I could get my hands on about them.
나는 역사에 이상한 집착이 있어. 역사에 관한 책이라면 그게 뭐가 되었든 손에 잡히는 대로 다 읽어 버린다니까.

cross one's mind
갑자기 생각나다

동사 cross는 '가로지르다', mind는 '생각'을 뜻한다. 어떤 문제의 해결책을 생각하고 있는 중에 뭔가 갑자기 스쳐 지나가는 생각이 들 때가 있다. 그것을 cross one's mind로 표현하며 '갑자기 생각나다'로 해석한다.

The thought crossed my mind but felt strangely meaningless.
그 생각이 갑자기 스치고 지나갔지만, 이상하게도 다 부질없다는 느낌이 들었다.

• **meaningless** 무의미한, 부질없는

put two and two together

현재 알고 있는 정보를 취합해서 어떤 일에 대한 진실을 정확히 추론하다

1600년대 격언들 중에 The notion is as clear as that two and two makes four.라는 격언이 있다. '그 개념은 2 더하기 2가 4인 것처럼 의심할 여지없이 명백하다'라는 의미이다. 여기에서 나온 표현이 put two and two together이며, '현재 쥐고 있는 정보와 증거들을 토대로 어떤 일의 진실을 2 더하기 2가 4인 것처럼 정확히 추론 또는 짐작한다'라는 의미를 나타낸다.

It doesn't take much to put two and two together.

더 복잡하게 따질 것도 없이 (지금까지의 상황과 정보만으로도) 정확히 짐작할 수 있는 일이잖아.

MP3 030

pull strings

영향력을 행사하다, 배후 조종하다

상황을 통제하면서 적절한 영향력을 발휘한다는 의미이다. 우리가 흔히 사용하는 '빽을 쓴다'는 말과 비슷한 느낌으로 쓰이기도 한다. 우리나라에서도 한때 유행했던 꼭두각시 인형극에서 유래한 표현으로, 꼭두각시(puppet)에 달린 줄들(strings)을 당기며(pull) 연기하는 모습에서 비롯되었다. 줄을 당긴다는 건 인형들의 움직임을 통제한다는 것이므로, '어떤 일에 자신의 영향력을 행사하다'라는 의미로 쓰이게 됐다.

Her father had pulled strings to get her the job.

그녀의 아버지는 영향력을 행사해서 그녀가 그 직업을 갖도록 도와주었다.

do a number on

～에게 심하게 해를 입히다, 심한 상처를 주다, 학대하다

아마추어 복싱에서 유래한 표현이다. 아마추어 복싱전에서는 프로 복싱과는 달리 선수의 안전을 위해서 머리에 헤드기어(head gear)를 착용하게 한다. 올림픽 기준으로 3분 3라운드로 진행되며 철저한 점수제이다. 타격의 강도와는 무관하게 상대의 수비를 피해 얼굴이나 몸통에 정확하게 도달하는 타격(blow)의 숫자(number)를 계산해서 총점이 매겨진다. 따라서 do a number on을 직역하면 '～에게 가한 정확한 타격의 숫자를 매기다'이며, 결국 '육체적으로나 정신적으로 심하게 충격을 주다/심하게 해를 입히다' 등의 의미로 쓰인다.

What you said makes me sure that your mom did a number on you.

네가 한 말을 들으니, 네 엄마가 너에게 너무 큰 상처를 줬구나.

curry favor

아첨하다, 비위를 맞추다

단어나 표현의 발음을 잘못 듣고 엉뚱하게 표기했으나 표기에만 오류가 있었을 뿐 원래의 의미는 올바르게 유지하고 있는 말을 eggcorn이라고 한다. 원래는 curry Fauvel이었는데 curry favor로 굳어진 것이 eggcorn의 대표적인 경우에 해당한다. 14세기 프랑스에서 발표된 Roman de Fauvel이라는 시(poem)가 그 유래이다. 이 시의 주인공인 Fauvel은 부패한(corrupt) 말(horse)이다. Fauvel은 사람들을 속여서 모든 사람들이 자기에게 절을 하고 아부(flatter)하도록 만들었다. 이 상황에서 파생된 표현이 curry Fauvel인데 Fauvel의 발음을 정확히 듣지 못하고 favor로 잘못 표기했던 것이다. curry는 '말의 털을 빗어주다'라는 의미이다. 결국 curry Fauvel은 rub down Fauvel, 즉 '말인 Fauvel의 털을 빗어 주다'인데 'Fauvel에게 아부하려고 털을 빗어 주다'라는 뜻이다. 지금은 curry favor의 형태로 '아첨하다', '비위를 맞추다' 등의 의미로 쓰인다.

> You want me to curry favor with her? Do you think she's so influential?
>
> 너 지금 내가 그녀에게 아첨이라도 하기를 바라는 거야? 넌 그녀가 그렇게 영향력이 있는 인물이라고 생각해?
>
> * **influential** 영향력 있는

carry a torch for

~를 짝사랑하다

직역하면 '~를 위해서 횃불을 들고 다니다'로, 그리스 로마 시대의 전통에서 비롯된 표현이다. 전해지는 바에 따르면, 신혼 첫날 밤에 나뭇가지로 만든 횃불을 붙이는 전통이 있었다. 횃불은 신부가 살던 집의 벽난로에서 불이 붙여진 상태로 이동돼서 신혼 집 벽난로에 그 불을 옮겨 붙였다고 한다. 이 횃불은 결국 신혼부부의 사랑을 상징했다. 하지만 정작 carry a torch for가 실제 쓰일 때는 한 사람이 일방적으로 상대를 위해서 횃불을 들고 다니는, 그러면서 상대의 사랑은 받지 못하는 '짝사랑'을 의미한다.

> My husband may carry a torch for her, but she is my best friend.
>
> 우리 남편이 그녀를 짝사랑하는 건지도 모르지. 하지만 걔는 내 가장 친한 친구인데.

sweep off one's feet
마음을 완전히 사로잡다

동사 sweep는 '쓸다', '털다' 등의 의미이며 부사 off는 '없애다'의 느낌이다. 따라서 sweep off를 직역하면 '완전히 쓸어서 없애다'인데 이것을 '감정'에 관한 표현으로 사용하면, '감정적으로 완전히 압도하다(overwhelm emotionally)'라는 의미가 된다. '그 어떤 반감도 남아 있지 않게 완전히 쓸어 버려서 매료시키다'라는 뜻이다. 여기에 one's feet를 붙여서 sweep off one's feet가 되면 '서 있던 다리를 완전히 쓸어서 날아가게 하다' 즉, '완전히 정신을 못 차리게 하다', '마음을 완전히 사로잡다' 등의 의미이다.

I fell in love at first sight. He swept me off my feet.
내가 첫눈에 반했지. 그 사람한테 완전히 매료됐어.
* **at first sight** 첫눈에

not give someone the time of day
싫어서 완전히 무시하다, 전혀 관심을 주지 않다

the time of day를 직역하면 '하루 중 바로 그 시간'이고, 표현 전체를 직역하면 '누군가에게 하루 중 바로 그 시간을 알려 주지 않다'가 된다. 요즘이야 남에게 "지금 몇 시죠?"라고 묻는 사람은 거의 찾아볼 수 없다. 시계는 아니더라도 누구나 핸드폰을 들고 다니기 때문이다. 그러나 과거 핸드폰이 존재하지 않고 시계를 차고 다녀야 시간을 알 수 있을 때는 이런저런 이유로 시계를 차고 있지 않을 경우 다른 사람에게 What time is it?(지금 몇 시예요?)이라고 묻는 경우가 다반사였다. 그래서 전혀 모르는 사람이 그 질문을 해도 누구나 쉽게 대답을 해 주기 마련이었다. 그런데 하루 중 지금이 몇 시인지(the time of day)를 묻는 아주 단순한 질문에도 답을 해 주지 않고 그냥 지나친다면 그 사람이 너무 싫거나 상대하기 귀찮아서 '개무시'하는 경우에 해당한다. 바로 이 상황에서 생겨난 표현이 not give someone the time of day이다.

She won't talk to me. She won't give me the time of day.
그녀는 나하고 대화를 하려고 하지 않아. 나를 완전히 개무시한다니까.

have the ear of

누군가 (나의) 충고나 의견을 귀담아 듣다

직역하면 '~의 귀를 가지고 있다'이다. 누군가의 신임을 얻어서 그가 내 충고나 의견을 귀담아 들어 준다는 의미를 나타낸다. have someone's ear의 형태로도 쓰인다.

They looked at her with envy and treated her with respect. No one wanted to be on the wrong side of the person who had the ear of him.

그들은 그녀를 부러움의 시선으로 바라봤고 공손히 대했다. 그 누구도 그가 신임하고 있는 사람의 심기를 불편하게 하고 싶지 않았다.

- **with respect** 공손히, 정중하게
- **be on the wrong side of** ~의 미움을 사다

not know someone from Adam

누군가를 전혀 모르다

성경에 나오는 최초의 인간, 바로 그 아담(Adam)이다. 직역하여 '아담 시절부터 누군가를 모른다'는 것은 '애당초 일면식도 없다'는 의미의 강조 표현이다.

I don't know him from Adam. Don't ask me about him.

난 그 사람 전혀 몰라. 나한테 그 사람에 대해서 묻지 마.

yank one's chain

놀리다

동사 yank는 '확 잡아당기다'라는 의미이고 chain은 '사슬'이므로, yank one's chain을 직역하면 '누군가의 사슬을 확 잡아당기다'가 된다. 이것은 광산에서 일하는 광원들 사이에서 탄생한 표현이다. 광산 안의 화장실은 선로 위에 놓인 이동식이었다. 가득 찬 분뇨를 비우기 위해서는 이동식일 수밖에 없었다. 따라서 화장실 안에서 볼일을 볼 때는 화장실이 앞뒤로 움직이는 것을 막기 위해서 바퀴 아래에 chain을 놓고 화장실에 들어갔다. 그때 주변 동료들은 화장실에 들어간 동료를 놀리기 위해서 chain을 확 잡아당겨(yank) 화장실이 움직이게 하는 장난을 즐겼다고 한다. 이 상황에서 yank one's chain이 '놀리다'라는 의미를 갖게 되었다.

A That's not true. I don't know why we're talking about this.
B Because I like yanking your chain.

> A 그건 사실이 아니잖아. 도대체 우리가 왜 이 얘기를 하고 있는 건지 모르겠네.
> B 난 널 놀리는 게 재미있거든.

face the music

**자신의 잘못된 행동이나 결정에 대해서
벌을 받다**

직역하면 '음악을 마주하다'이다. 어원에 대해서
는 여러 가지 설이 존재하는데, 그중에 설득력 있
는 것은 '군대의 관행(army practice)'에서 비롯되
었다는 설이다. 군인으로서 불명예스러운 행위를
해서 군에서 강제로 퇴출되는 경우가 있었다. 퇴
출되는 순간에는 옆에서 군악대가 드럼을 쳐 주
었다고 한다. 그 드럼 소리를 마주하며 떠나는 상
황이 face the music이다. 일반적으로는 '자신이
내린 결정, 행동, 또는 선택이 잘못된 결과를 발
생시킨 데 대해서 책임을 지다'의 의미로 쓰인다.

He was sitting up straight, with
his shoulders back, as though he
was finally ready to face the music.
He seemed fearful and slightly
ashamed.

그는 똑바로 앉아서 어깨를 폈다. 마치 마침내
결과에 승복하고 그에 따른 책임을 질 준비가 다 된
사람처럼. 그는 두려워 보였고 부끄러운 마음도 약간
드는 듯했다.

hold someone accountable for

~에 대해 책임지게 하다

동사 hold는 '흔들리지 않도록 붙들고 있다'는 의
미이며 형용사 accountable은 '어떤 일에 대한
책임이 있는'의 뜻이다. 따라서 hold someone
accountable이라고 하면 '누군가를 책임지도
록 단단히 붙들다', 즉 '누군가 ~에 대해 책임
지게 하다'라는 뜻이다. 수동형이 되어 be held
accountable for로 바뀌면 '~에 대한 책임을 져
야 할 상태에 놓이다'가 된다.

Don't you think he should be held
accountable? At least a little? For
all the stress he caused you?

걔가 책임지도록 해야 되는 거 아니야? 적어도
조금이라도? 걔 때문에 네가 그렇게 스트레스를
받았는데 말이야.

take the fall for

다른 사람이 저지른 잘못된 행동에 대해서
책임지다

직역하면 '～에 대한 추락을 받다'이다. 여기에서
fall은 '잘못된 일에 대한 책임', 즉 blame을 상징
한다. 바꾸어 말하면 take the blame for(～에
대한 책임을 떠맡다)가 되어 '남이 저지른 잘못에
대한 책임을 대신 지다'라는 의미가 된다.

A I guess I should have told you
earlier.
B Shut up. I'm taking the fall for
this one.

> A 내가 좀 더 일찍 너한테 얘기를 해 줬어야
> 했나 봐.
> B 시끄러워. 내가 지금 네 대신에 이 일에 대한
> 책임을 떠맡고 있잖아.

go to bat for

～를 변호하다, 도와주다

go to bat는 야구에서 '공을 치기 위해서 타석에
들어서다'라는 의미이다. 여기에 '～을 위해서',
'～ 대신에'를 뜻하는 전치사 for가 연결되어 go
to bat for가 되면 '～ 대신에 타석에 들어서다'
가 되어 '～를 도와주다'라는 의미를 표현한다.

He goes to bat for the underdog
and tries to right all the wrongs.
그는 약자를 도와주며 모든 부정을 바로잡기
위해서 노력한다.

- **underdog** 약자
- **right** 바로잡다
- **wrong** 잘못, 부정

play hard to get

비싸게 굴다

play hard는 '매우 힘들게 굴다', '지독하게 열심
히 하다' 등의 의미이다. 여기에 to get이 연결되
어 '잡기에, 또는 얻기에 매우 힘들게 굴다'의 뜻
을 나타낸다. 여자 입장에서 남자를 처음 만나 서
로를 알아 갈 때 의도적으로 상대가 별로 마음에
들지 않는 척하면서 상대의 관심을 더 자극한다는
의미로, '비싸게 굴다'와 같은 의미로 사용한다.

Keep playing hard to get. Guys
like that.
계속 비싸게 굴어. 남자들은 그런 걸 좋아해.

keep a low profile

남의 눈에 띄지 않다, 저자세를 취하다, 나서지 않다

명사 profile은 '인지도', '대중의 관심' 등의 의미로 쓰인다. low profile은 '낮은 인지도', '대중의 낮은 관심' 등을 뜻한다. 따라서 keep a low profile은 '대중의 낮은 관심을 유지하다', '의도적으로 대중의 관심을 계속 피하다', '나서지 않다' 등의 의미이다.

We don't advertise openings. We keep a low profile.

우리는 결원이 생겼다고 광고하지 않아요. 우리는 대중의 관심을 받기 위해 나서지 않습니다.

give the green light

허락하다, 승인하다

교통 신호등에서 유래된 표현이다. 초록색 불 (green light)은 자동차의 진행을 허락한다. 이처럼 누군가에게 초록색 불을 준다는 것은 '허락하다', '허가하다', '승인하다'를 의미한다.

I have a small gap in my schedule at the moment and could go out for lunch as soon as you give me the green light.

제 스케줄이 지금 살짝 비는데 허락해 주시면 지금 바로 나가서 점심을 좀 먹으려 합니다.

give someone the benefit of the doubt

~의 말이나 행동을 믿어 주다

the benefit of the doubt는 법률 용어로서 '무죄 추정'에 해당한다. 의심은 가지만 증거가 불충분해서 내리는 결정이다. 이 용어가 give someone the benefit of the doubt라는 표현으로 쓰이면, 일반적으로 '의심이 가는 부분이 있고 뭔가 꺼림칙하긴 하지만 특별히 부정할 만한 행동, 또는 증거도 없어서 그냥 ~의 행동과 말을 진실로 믿어 주다'라는 의미를 나타낸다.

Why is it that you give her the benefit of every doubt, and you give me none?

도대체 왜 걔는 아무 이상 없는 듯이 믿어 주면서 나한테는 그렇게 못해?

make (both) ends meet

겨우 먹고살 만큼 벌다

두 개의 목적(ends), 즉 수입(income)과 지출 (expense)이 만나게(meet) 한다는 뜻이다. 이것은 곧 한 달 동안 번 돈으로 빚지지 않고 필요한 소 비를 한다는 의미이다. 이것을 '벌어서 겨우 먹고 살다'의 뜻으로 사용한다.

He nurses a sick mother and works to make ends meet.
그는 병든 어머니를 간호하면서 일을 해서 겨우 먹고산다.

• **nurse** 간호하다

hit pay dirt

횡재하다

금광을 찾아서 수많은 사람들이 캘리포니아로 몰려 들던 1850년대의 골드러시 상황(California Gold Rush)에서 생겨난 표현이다. '금이 들어 있 는 유망한 광맥'을 pay dirt라고 하는 데, pay에 는 '돈이 되다', '수지가 맞다' 등의 의미가 포함 되어 있고, dirt는 '흙'이나 '땅'을 의미한다. 결국 pay dirt는 '금이나 석유 등을 담고 있어서 수지 가 맞고 돈이 되는 땅'이라는 뜻이다. pay dirt 를 찾게 되면 '노다지'를 캐는 것이고, '대박, 성 공, 부' 등을 얻게 된다. 따라서 hit pay dirt는 '횡재하다', '대박 내다', '성공하다' 등의 뜻으로 쓰인다.

I spent a whole day in the library. I hit pay dirt while there.
난 도서관에서 온종일 시간을 보냈어. 그러던 중에 완전히 횡재하는 일이 있었지 뭐야.

ballpark

대강의 수, 대략적인 액수

원래는 '야구장'을 의미한다. 여기에 '숫자, 수치' 등을 의미하는 figure를 연결해 ballpark figure가 되면 '야구장에 모인 관중들의 수'가 되어 '대강의 수치'라는 의미를 갖는다. 또 '추정치'를 뜻하는 estimate와 함께 쓰여서 ballpark estimate가 되면 '대강의 견적'을 상징한다. 이러다 보니 ballpark는 '대략적인 수치, 액수, 또는 양'을 의미하게 되었다.

A You don't know how much money we made, do you?

B I have a ballpark figure.

    A 우리가 돈을 얼마나 번 건지 너 정확히 모르지?

    B 대강은 알아.

worth one's salt

제구실을 하는, 받은 만큼의 값어치를 하는

직역하면 '소금만큼의 값어치가 있는'이다. '급여'와 '봉급'의 의미인 salary의 어원이 바로 salt이다. 소금이 급여를 상징한다는 것이다. 따라서 worth one's salt는 '급여의 값어치에 맞게 일을 하는', '받은 만큼의 구실을 하는' 등의 의미로 쓰인다.

Nobody thinks that he's worth his salt. He's about to be fired.

아무도 그가 받는 월급만큼 제대로 일을 한다고 생각하지 않는다. 그는 곧 해고될 예정이다.

money to burn

엄청난 돈, 썩어나는 돈

직역하면 '태울 돈'이다. 누구에게나 소중한 돈을 태운다는 것은 '태워도 티가 나지 않을 정도로 많은 돈'을 의미한다. 따라서 have money to burn이라고 하면 '태워도 될 정도로 엄청나게 많은 돈을 가지고 있다'라는 의미를 나타낸다.

He retired in his late forties with money to burn.

그는 40대 후반에 엄청나게 많은 돈을 번 상태로 은퇴했다.

burn a hole in one's pocket
돈이 생기면 바로 써 버리다

직역하면 '주머니를 태워 구멍을 만들다'로, '돈'에 관계된 표현이다. 돈을 주머니에 넣으면 돈이 주머니 안에 그대로 머무는 게 아니라 주머니에 구멍을 내고 그 구멍 사이로 새 나간다는, 즉 '돈이 생기면 쓰고 싶은 충동에 돈이 남아나질 않는다'라는 의미를 표현한다.

Don't let your inheritance burn a hole in your pocket.
너 유산으로 물려받은 돈을 그렇게 순식간에 써 버리면 안 돼.

* **inheritance** 유산, 상속받은 재산

take a toll on
~에 타격을 주다, ~에 피해를 주다, ~를 힘들게 하다

명사 toll은 tax(세금), duty(의무), cost(비용) 등의 뜻이다. 이 어휘들은 모두 어떤 행위에 대한 대가를 치른다는 속뜻이 있다. 그래서 세금을 내는 것이며 의무를 다해야 하고 비용을 지불해야 하는 것이다. take a toll은 '적절한(a) 대가(toll)를 가져다 주다(take)'라는 의미이고, 여기서 발전해 '타격을 주다', '피해를 주다' 등을 뜻하게 되었다.

The past year had taken a heavy toll on him.
지난해는 그에게 매우 혹독한 타격을 주었다.

packed in like sardines

꼼짝 못할 정도로 빽빽이 들어찬

과거분사형 형용사 packed만으로도 '사람들이 빈틈없이 꽉 들어찬'의 의미가 전해진다. 여기에 비유법으로 like sardines가 추가되었다. sardine은 '정어리'로, sardines는 '정어리 통조림에 들어 있는 빈틈없이 꽉 찬 정어리들'을 상징한다. 결국 packed in like sardines는 '정어리 통조림에 정어리가 담긴 것처럼 사람들이 어떤 장소에 빈틈없이 꽉 들어찬 상태'를 말한다.

People were so packed in like sardines that I couldn't breathe at all.
사람들이 빈틈없이 꽉 들어차 있어서 나는 숨을 쉴 수가 없었다.

hit traffic

교통 체증에 걸리다

동사 hit에는 '때리다', '~와 부딪히다' 등의 의미 이외에 '문제나 어려움에 봉착하다'라는 뜻도 있다. 여기에 '교통량', '교통 체증' 등을 뜻하는 traffic이 연결되어 hit traffic이라고 하면 '교통 체증에 봉착하다' 즉, '교통 체증에 걸리다'라는 의미를 나타낸다.

We're going to hit traffic if we don't leave now. Hurry up.
우리 지금 출발하지 않으면 교통 체증에 걸린다. 서둘러.

turn on one's heel

휙 돌아서 가 버리다

직역하면 '발뒤꿈치로 돌다'이다. 군인들이 각 잡고 뒤로 돌 때 왼발의 뒤꿈치를 이용하여 휙 돌아서는 상태를 의미한다. 이 동작에서 파생되어 '갑자기 휙 돌아서 가 버리다'의 의미로 쓰인다.

They were arguing over something. Suddenly the girl turned on her heel and walked away.
그들은 무슨 문제로 서로 다투고 있었다. 그러다가 갑자기 여자가 휙 돌아서 자리를 박차고 가 버렸다.

- **argue over** ~로 다투다
- **walk away** 자리를 뜨다

neat as a pin

매우 깔끔한

직역하면 '핀처럼 깔끔한'이다. 명사 pin은 clear, bright, 즉 '깨끗한', '밝은' 등의 속뜻을 갖는다. 즉, pin은 '깨끗하고 밝은 것'을 상징한다. 따라서 neat as a pin은 '깨끗하고 밝은 핀처럼 깔끔한'의 의미로 쓰인다.

The mobile home was neat as a pin.
그 이동 주택은 매우 깔끔하게 잘 정돈되어 있었다.

the icing on the cake

금상첨화, 엎친데 덮친 격.

직역하면 '케이크 위에 설탕과 달걀의 흰자로 만들어 입힌 장식용 당의(糖衣)'이다. 다시 말하면, '맛있게 만들어 놓은 케이크 위에 시각적으로 더 먹음직스럽게 보이도록 설탕으로 만들어 예쁘게 장식한 옷'이라는 뜻이다. '금상첨화'라는 뜻으로 주로 사용하지만, 빈정대는 어조로 말하면 '엎친데 덮친 격'이 되기도 한다.

She is the hottest musical artist in the country at the moment. Her recent Grammy is the icing on the cake.
그녀는 현재 그 나라에서 가장 인기 있는 음악인이다. 게다가 그녀가 최근에 받은 그래미 상은 그녀에겐 금상첨화이다.

in the same league

동일한 수준인

말 그대로 '같은 리그에 있는'이라는 의미이다. 스포츠에는 같은 수준의 선수들끼리 모여서 리그를 이루는 경우가 있다. 미국 야구에 major league가 있고 minor league가 있듯이, 우리나라 축구에는 가장 높은 수준의 K-league 1이 있고 그 아래에 하위 수준의 리그들이 존재한다. 결국 '같은 리그에 포함되어 있다'는 것은 '수준이 같다'는 의미이다.

A I was not a stalker. I was just a silly teenager.

B You're not in the same league as her. Sometimes she comes into my house when I'm not home.

  A 내가 스토커는 아니었지. 그냥 덜 떨어진 10대였던 거지.
  B 넌 그 여자하곤 스토킹의 수준이 아예 달라. 그 여잔 가끔 내가 집에 없을 때는 아예 우리 집에 들어오기도 한다니까.

out of place
부적절한, 어울리지 않는

직역하면 '제자리에서 벗어난'이 된다. 원래 있어야 할 자리에서 벗어나 다른 곳에 있다면 당연히 '부적절한' 느낌이 들고 뭔가 '어울리지 않고 어색한' 느낌이 들 수밖에 없다. 그래서 '어색한', '어울리지 않는', '부적절한' 등의 의미로 쓰이는 표현이다.

His smile looked forced and out of place on such a stern face.

그는 억지로 미소를 짓는 듯 보였는데 그렇게 근엄한 얼굴에는 어울리지 않는 미소였다.

- **forced** 억지의
- **stern** 근엄한

243

A

B

258

split up	이혼하다, 헤어지다	182
splurge	돈을 필요 이상으로 쓰다	81
sprint	짧은 거리를 전력 질주하다	75
squeal	끼익 소리를 내다, 비명을 지르다	113
squint	눈을 가늘게 뜨고 보다	76
staggered	충격을 받은, 깜짝 놀란	38
standoffish	무뚝뚝한, 내성적인, 냉정한, 거만한	16
standout	아주 뛰어난	16
stare someone out	계속 노려보아 상대가 당황해서 고개를 돌리게 하다	170
startle	깜짝 놀라게 하다	138
staunch	확고한, 충실한	44
stave off	피하다, 막다	181
stew	마음을 졸이며 생각하다	125
stick around	주변에 또는 한 곳에 머물다	175
stilted	자연스럽지 않은, 말이나 글이 부자연스러울 정도로 격식 있는	97
stodgy	지루한, 따분한	24
storm	화가 나서 쿵쾅대며 걷다, 뛰쳐나가다	70
strained	긴장된, 무리한	28
stride	성큼성큼 걷다	70
strike the right chord	정곡을 찌르다, 핵심을 제대로 짚다, 제대로 감동을 주다	220
stroll	여유롭게 거닐다, 산책하다	68
strut	으스대며 보란 듯이 걷다	69
stubble	면도를 하지 않아서 까칠하게 자란 수염	59
stumble	비틀거리다, 말을 더듬다	74
stumble on	우연히 발견하다, 우연히 찾다	170
subdued	은은한, 부드러운	53
subsist	근근이 살아가다	80
substantial	양이 상당한, 크기나 숫자가 큰	98
succumb	굴복하다	87
sultry	관능적인, 섹시한, 무더운	20
summon	호출하다, 부르다	63
sumptuous	호화로운, 진수성찬의	95
survey	두루두루 살펴보다, 대충 훑어보다	76
suspicious	의심스러운, 수상쩍은	96

ㄱ

ㄲ

ㄸ

따라가다, 따라다니다	tag along	183
따분한	stodgy, banal	24, 93
딱 맞도록 만든	tailored	57
때를 기다리다	bide one's time	219
떠올리다	come up with	161
떨리다	have butterflies	198
뚜렷한	palpable	96
뛰쳐나가다	storm	70
뜻을 헤아리다	puzzle out	162

ㅁ

마구 지껄이다	babble	131
마음껏 즐기며 보다	drink in	170
마음을 동요시키는/불안하게 만드는	unsettling	26
마음을 완전히 사로잡다	sweep off one's feet	232
마음을 졸이며 생각하다	stew	125
마음이 찢어진 상태인	shredded	40
마지막 순간에	under the wire	220
막다	block, contain, stave off	144, 181
막아서 지키다	defend	146
만들다	form	117
만만한 사람	pushover	17
많은 분야에 관심과 지식이 뛰어난	worldly	21
말로 표현할 수 없을 정도의	ineffable	100
말수가 적은	withdrawn	15
말쑥한	dapper	52
말은 저렇게 해도 실제로는 괜찮은 사람이다	someone's bark is worse than their bite	209
말을 더듬다	stumble	74
말을 바꾸다	backpedal	138
말을 분명하게 잘하는	articulate	18
말을 지어내다	make up	167
말이나 글이 부자연스러울 정도로 격식 있는	stilted	97
말이나 행동을 믿어 주다	give someone the benefit of the doubt	237
망설이는	dubious	30
망설이다	demur	136